KB113781

논어 _{論語}

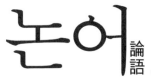

논어論語

누구나
한 번쯤 읽어야 할
고전한 문장

왕멍 지음 | 홍민경 옮김

정민
미디어

^{지 자 불 혹}
知者不惑

지혜로운 사람은 미혹되지 않는다.

〈자한편제구〉 중에서

차
례

을 최고로 바꾸는 저력 키우기 • 기쁨과 두려움이 공존하는 삶 • 얻는 것이 있으면 잃는 것도 있다 • 무슨 일이든 좋은 면을 먼저 생각하라 • 매사에 두 가지 대비를 하라 • 나아갈 때와 물러날 때를 아는 지혜 • 이 보 전진을 위한 일 보 후퇴 • 물질적 만족의 적정선 찾기 • 명리를 추구하되 명리에 빠지지 않기 • 명성을 좇되 그 명성을 더 소중히 여겨라 • 네 가지의 작은 일부터 시작하라 • 인생에서 경계해야 할 세 가지 • 자기 통제력 키우기 • 반성의 가치 • 자신의 잘못을 고치는 데 인색하지 말라 • 군자의 세 가지 두려움 • 두려움 속에 복이 깃들어 있다 • 피해야 할 인간 유형 • 인과 덕을 갖추지 못한 어리석은 삶에서 벗어나기 • 네 가지 결점에 물들지 않기 • 강한 마음과 태도를 고수하라 • 품위와 추구하는 바를 끝까지 고수하라

먼저 좋은
사람이 된다

우선 좋은 사람이 되어라 • 진정한 군자의 품격 • 좋은 사람이 되는 길이 가장 안전하다 • 양심은 최고의 면역 시스템이다 • 덕행을 갖춘 자는 이루지 못할 것이 없다 • 소인배는 군자의 적수가 될 수 없다 • 좋은 사람만이 좋고 나쁨을 가릴 권리를 갖는다 • 덕으로 덕을 세워라 • 됨됨이가 좋은 사람은 두려울 게 없다 • 도덕도 법률의 바탕 위에 서야 한다 • 늘 바른 생각과 태도를 유지하라 • 좋은 사람이 되기 위한 원칙을 세워라 • 원칙을 고수하는 것은 쉽지 않다 • 좋은 사람이 해야 할 세 가지 일 • 군자의 세 가지 태도 • 겸손한 품

격 • 예의와 양보는 자신감에서 나온다 • 말이 아닌 행동으로 사랑하라 • 마음속에서 인이 떠나지 않도록 하라 • 용감함은 의를 으뜸으로 삼아야 한다 • 용감함을 학습하라 • 사회 진출의 첫걸음, 타인을 이해하라 • 인정에 얽매이지 말라 • 친구를 사귀는 첫 번째 원칙 • 친구를 잘 사귀려면 자신을 먼저 알아야 한다 • 왜 나쁜 벗을 사귀게 될까? • 마음을 아는 것이 사람을 아는 것보다 더 어렵다 • 의중을 살피는 데 능해야 한다 • 과실을 보면 그 사람을 알 수 있다 • 열광적인 사람과 고지식한 사람 모두 쓰임이 있다 • 편협한 마음을 버려라 • 착한 사람 콤플렉스에서 벗어나라 • 사람을 대하는 지혜를 배우라 • 함께하는 법을 배우라 • 남을 존중할 때 자신도 존중할 수 있다 • 남을 배려할 때 세상도 살 만해진다 • 조화로써 긍정에너지를 키워라 • 남을 돕는다는 것이 바로 도다 • 절대 쉽지 않은 '화이부동'의 길 • 역지사지를 배우라 • 이중 잣대로 사람을 대해서는 안 된다 • 내가 원하지 않는 일을 남에게 강요하지 말라 • 어리석은 이를 대하는 올바른 태도 • 은덕으로 원한 갚기 • 상처받아도 웃어넘기는 군자의 도량 • 좋은 사람이 된 것만으로도 성공한 인생이다

자기 발전을
위해 배운다

배움은 내적 욕구의 충족 과정이다 • 누구도 넘볼 수 없는 재능과 학식 갖추기 • 학습으로 드러나는 인격 • 배움을 좋아하는 사람은 대적할 수 없다 • 배움을 좋아한다는 말에 담긴 이중적 의미 • 자신의 무지를 인정하라 • 강한 믿음을 주고 자신을 더 빛나게 하는 방법 • 진정으로 배움을 좋아하는 사람이 되어라 • 자신감과 탁 트인 사고로 무장하라 • 혁신과 발전을 위한 온고지신 • 세상 만물이 모두 나의 스승이다 • 자신만의 로드맵 그리기 • 잘못된 배움의 길 • 좋은 스승을 찾아라 • 바라기보다 행동하는 편이 낫다 • 압박감과 절박함의 이중주 • 지금 시대의 사람을 탓할 필요 없다 • 죽기 살기로 매달리며 힘겨루기를 하지 말라 • 주동적인 배움과 수동적인 배움 • 마음을 한곳에만 쏟는 힘의 중요성 • 개방적 사고를 하라 • 새로운 지식을 배우고 복습하라 • 노력이 쌓이면 기적이 된다 • 모든 것을 다 잘할 수 없다 • 배우고 생각하라 • 지식의 다양성을 간파하라 • 지식보다 중요한 것은 직감이다 • 부지런히 찾아 배우는 것이 가장 중요하다 • 선택과 포기를 배우라 • 배움을 나누는 기쁨 • 자신을 정확히 아는 것도 배움이 필요하다 • 배움은 인생의 첫걸음일 뿐이다 • 배움은 실천이 따라야 한다 • 배워서 뜻을 확고히 세워라 • 배움의 길은 자기 발전의 길이다

일은 자기실현의
방편이다

일하려면 자신만의 신념이 필요하다 • 의로운 일에 적극적으로 나서는 기개 • 무엇을 해야 하는지 늘 되뇌라 • 흥미도 선택의 귀결점이 될 수 있다 • 일의 두 가지 기본 원칙 • 일을 행하기에 앞서 운명부터 알아야 한다 • 먼저 농사를 지은 후 수확하라 • 욕심이 없으면 강해진다 • 모든 일은 생각이 먼저 뒷받침되어야 한다 • 군자가 생각해야 할 아홉 가지 • 생각하고 또 생각하라 • 신중한 태도로 접근하라 • 전략과 방책을 분명히 나누라 • 원인과 결과에 주목하라 • 큰일은 작은 것에서 시작된다 • 사소한 일이라도 원칙을 지켜라 • 신중한 태도에는 책임도 따른다 • 끝까지 해내는 것이 가장 중요하다 • 목표를 향해 초지일관한다 • 신의와 성심은 모든 일의 근간이다 • 믿음의 근간을 지켜라 • 충심이 바로 믿음이다 • 예의와 겸손도 그 '선'을 지킬 줄 알아야 한다 • 대체 불가한 경쟁의 이점 • 군자의 싸움을 하라 • 의리, 예의, 겸손, 신뢰 • 예의와 양보가 경쟁보다 낫다 • 정의는 살아 있다 • 자기 능력의 한계를 파악하라 • '작은 우두머리'가 되지 말라 • 파벌과 독불장군을 경계하라 • 자신을 돌아보고 반성하라 • 나에게 어떤 밑천이 있는지 생각해보라 • '작은 재주'에 자신을 가두지 말라 • 공사를 구분할 줄 알아야 한다 • 큰 틀을 먼저 생각하라 • 소인배와 군자의 차이 • 소인은 파벌을 이루고 작은 이익에 집착한다 • 지모가 뛰어난 사람이 되어라 • 소인배의 필살기에 대처하라 • 관리는 사람의 마음을 다스린다 • 중상모략에 휘둘리지 말라 • 허세를 멀리하라 • 권력만 추구하다 보면 본질이 흐려진다 • 인재를 키울 줄 아는 리더가 되어라 • 좋은 사람을 잘 활용하는 것도 용인술이다 • 직급, 자격, 신분에 연연하지 말라 • 좋은 사람 한 명을 발탁하면 좋은 사람 열 명이 따라온다 • 훌륭한 리더는 뛰어난 지모와 정확한 판단으로 결정된다 • 책임감 없는 기업의 미래란 없다

슬기로운 사회생활

안팎을 두루 살핀다 • 어떤 일에서든 예를 갖춘다 • 진정한 예란? • 예의 삼중 경지 • 예는 어릴 때부터 길러야 한다 • 형식도 중요하다 • 환한 표정을 유지하라 • 외적 이미지에 주의하라 • 행동거지 함부로 하지 않기 • 밖에서는 더욱더 예에 신경 쓴다 • 올바른 식문화 • 먹고 자는 것에도 신경 써라 • 좋은 사람도 말을 잘할 줄 알아야 한다 • 말에도 기술이 필요하다 • 말을 하면 이치에 맞아야 한다 • 때와 장소를 가려 말하라 • 경청과 실천의 조화 • 상대에 따라 말과 행동 역시 달라져야 한다 • 속내를 드러낼 대상을 가려라 • 말실수와 후회를 줄여라 • 말은 차분히 하고 행동은 민첩하게 하라 • 말만으로는 성공할 수 없다 • 일 잘하는 것이 말재주를 가진 것보다 낫다 • 한가할 틈이 없으면 불평도 줄어든다 • 헛소문은 믿지도 퍼트리지도 말라 • 신상 털기는 금물 • 도덕적 심판을 섣불리 하지 말라

논어에서 길을 열다

아름다움은 우리 마음속에 있다 • 간결한 아름다움을 추구하다 •
정신적으로 강자가 되다 • 현자는 항상 즐겁다 • 용감한 사람, 본질
을 파악하다 • 인자는 강직하고 의연하다 • 지혜로운 사람은 미혹
되지 않는다

一章

논어에서 길을 찾다

자유를 향한 인생의 여섯 단계

오 십 유 오 이 지 어 학　삼 십 이 립
吾十有五而志於學, 三十而立,

사 십 이 불 혹　오 십 이 지 천 명
四十而不惑, 五十而知天命,

육 십 이 이 순　칠 십 이 종 심 소 욕 불 유 구
六十而耳順, 七十而從心所欲不踰矩.

나는 열다섯 살에 학문에 뜻을 두었고, 서른 살에는 자립했고, 마흔 살에는 미혹되
지 않았다. 쉰 살에는 천명을 깨달았고, 예순 살에는 귀로 들으면 그 이치를 알았
고, 일흔 살에는 하고 싶은 대로 하되 법도에서 벗어나지 않았다.

〈위정편제이(爲政篇第二)〉 중에서

옛말에 늙어 죽을 때까지 배움의 길은 끝나지 않는다
고 했다. 그만큼 배움을 향한 학습과 수양의 길은 평생을
관통한다.

인간의 자아 수련은 단계적으로 이루어진다. 첫 번째 단
계는 배움에 뜻을 두어야 한다. 두 번째 단계는 자립하면
서 자기 원칙과 옳고 그름의 판단 기준을 가져야 한다.
세 번째 단계는 자기 생각과 판단을 확신해야 한다. 그래
야만 주변 환경의 부정적 요소들에 휩쓸리지 않을 수 있

다. 네 번째 단계는 사람마다 다른 재능과 노력의 한계를 인정하고 받아들일 줄 알아야 한다. 사실 이것은 사람과 환경, 사람과 사회가 적절한 화해와 조화를 이루기 위한 단계라고도 할 수 있다. 다섯 번째 단계는 남의 말을 귀담아들을 수 있어야 한다. 여섯 번째 단계는 마음이 시키는 대로 하되, 선을 넘지 말아야 한다. 사람은 누구나 일흔 살이 되면 필요의 영역에서 나와 자유의 영역으로 들어가야 한다.

원만한 인생을 위한 세 가지 경지

흥 어 시   입 어 례   성 어 악
興於詩, 立於禮, 成於樂.

(한 사람의 성장은) 시를 통해 시작되고, 예의를 통해 바로 서고, 음악을 통해 완성된다.

〈태백편제팔(泰伯篇第八)〉 중에서

첫 번째 경지의 인생은 시와 같다. 그야말로 인생은 시처럼 아름답다. 감정이 풍부하고 진지하며 엎치락뒤치락 변화무쌍한 매력을 뽐내면서 사람의 마음을 사로잡는다. 두 번째 경지의 인생은 예와 같다. 공손하게 인사를 나누고, 안색을 살피고, 예법을 따르고, 명령에 따라 처리한다. 그러니 순조롭고 흐트러짐이 없다. 학문과 수양이 훌륭하게 성취되어 경외감을 불러일으킨다.

세 번째 경지의 인생은 음악과 같다. 기개가 넘치고 격앙되었다가도 완곡하게 차분히 흐르는데, 그 여음(餘音)이 들보를 맴돌며 오래도록 끊이지 않는다. 모든 희로애락과 시시비비가 그 안에 담겨 한 사람만의 아름다운 곡조를 만들어간다.

진정한 중용이란?

향 원 덕 지 적 야
鄕原德之賊也.

처세에 능하고 누구에게나 잘 보이기 위해 가면을 쓰고 살아가는 자는 도덕적으로 해가 되는 부류다.

〈양화편제십칠(陽貨篇第十七)〉 중에서

중용(中庸)은 극단적이거나 자극적이지 않을뿐더러 경박하거나 과격하지 않다. 그렇기에 실생활에서 중용은 원만하고 성숙한 이미지를 떠올리게 한다. 또한 근본적으로 극단주의, 분열주의, 공포주의 등 이 세 가지 암흑 세력을 단호히 부정하기 때문에 이런 이미지를 더 부각시킨다. 사실 진정한 중용의 길은 세 가지 암흑 세력에 맞서 원칙을 지키고, 옳고 그름을 분별하며, 시대 조류에 절대 부화뇌동하지 않는 것이다.

요컨데 중용의 도는 정정당당하게 원칙을 견지하는 것이다. 다만, 진정한 중용의 도라고 해서 늘 순조로울 수만은 없다. 때로는 그 결과가 도리어 좌우의 협공을 받을 수 있다.

중용의 패턴을 이해한다

_{관 저   낙 이 불 음   애 이 불 상}
關雎, 樂而不淫, 哀而不傷.

《시경(詩經)》의) 〈관저〉는 즐거워하되 지나침이 없고, 슬퍼하되 마음을 상하게 하지 않는다.

〈팔일편제삼(八佾篇第三)〉 중에서

'A하되 B하지 않는다'는 중용의 특징을 나타내는 일종의 패턴이다. 예를 들어 즐기되 음란하지 않고, 슬퍼하되 감상에 빠지지 않고, 원망하되 분노하지 않고, 위엄이 있되 사납지 않고, 태연하되 오만하지 않고, 욕심을 부리되 탐욕하지 않는다 하는 식이다.

이런 패턴은 '지나침은 모자람만 못하다', '적당한 선에서 멈출 줄 알아야 한다', '한 가지 성향을 반대할 때 또 다른 성향을 경계하라'와 같은 말처럼 '수신(修身, 몸과 마음을 갈고닦는다)', '사람됨'과 관련된 가르침에 근접한다.

중용의 장점

<small>중 용 지 위 덕 야　기 지 의 호　민 선 구 의</small>
中庸之爲德也, 其至矣乎! 民鮮久矣.

중용의 덕은 지극히 중요한 것이리라! 하지만 많은 사람이 중용의 덕을 잃은 지 오래되었다.

〈옹야편제육(雍也篇第六)〉 중에서

중용의 장점은 장자(莊子)가 언급한 '도추(道樞, 사물의 상대적인 참과 거짓, 옳고 그름의 대립을 초월한 절대적 도의 경지)'라고 할 수 있다. 그것은 큰 도를 깨우치고자 하는 마음이며 모든 방면을 두루 고려한다. 중용은 적절한 분별과 전체주의 및 상호주의를 중시하고, 극단주의와 분열주의 그리고 과장과 공포를 배격한다.

이처럼 중용은 통합과 조화를 강조하는 도이기에 더 귀한 가치를 지니고 있다.

二章

어떻게 인생을 살 것인가

사람됨의 첫 번째 의미, 낙관

발분망식   낙이망우   부지로지장지운이
發憤忘食, 樂以忘憂, 不知老之將至云爾.

끊임없이 노력하며 한 가지 일에 몰두하고 밥 먹는 것조차 잊은 채 그 즐거움만을
생각하니, 걱정 근심을 모르고 늙는 것조차 알지 못한다.

〈술이편제칠(述而篇第七)〉 중에서

인생은 낙관적인 태도가 바탕이 되어야 한다. 또한 단
정하고, 적극적이고, 긍정적이고, 충실한 마음가짐을 늘
유지할 줄 알아야 한다. 이것이 바로 누구나 부러워하며
동경하는 사람됨의 핵심이다.

낙관은 목표를 향한 노력과 연관되어 있다. 어떤 목표를
향하는 충실한 인생은 근심을 잊고 낙관적으로 사는 삶의
바탕이 된다. 근심을 잊는 것은 즐거움의 여부보다 충실
한지의 여부에 달려 있다.

근심을 잊는 것은 즐거움만을 좇는 게 아니라 목표, 사업, 성과를 위해 끊임없이 노력하며 밥 먹는 것조차 잊을 정도로 그 일에 몰두하면서 동시에 즐거움을 생각하는 것이다. 낙은 목표를 향해 노력하는 과정에서 생기는 부산물로, 찬란한 인생으로 이끄는 태도이기도 하다.

즐거움은 삶을 즐기는 것으로부터 시작된다

아는 자는 좋아하는 자만 못하고, 좋아하는 자는 즐기는 자만 못하다.

〈옹아편제육〉 중에서

삶의 의미를 완전히 이해하지 못할지라도 자기 삶을 사
랑하고 감사하며 즐길 줄 안다면, 그것으로 충분하다.
삶을 온전히 즐기고 그로부터 행복감을 느낀다면, 그 삶
은 부러움을 살 만큼 충분히 가치 있다.

삶을 즐기는 법을 터득하라

자 지 연 거   신 신 여 야   요 요 여 야
子之燕居, 申申如也, 夭夭如也.

공자께서 한가로이 계실 때는 온화하시며 편안한 모습이셨다.

〈술이편제칠〉 중에서

누구나 자기 삶을 즐길 줄 알아야 한다. 편협한 사고로 고행하듯 자신을 못살게 굴거나 일 중독자처럼 일에만 매달리며 일과 삶의 균형을 깨뜨리지 말아야 한다.

이를 위해 건강한 마음가짐으로 건전한 생활을 유지해야 한다. 또한 자기 통제와 조절의 능력을 높이고 신경질적 히스테리와 강박관념에서 벗어나야 한다.

정신적 가치를 추구하는 삶

제 경 공 유 마 천 사　　사 지 일　　민 무 덕 이 칭 언
齊景公有馬千駟, 死之日, 民無德而稱焉.

백 이　　숙 제 아 어 수 양 지 하
伯夷, 叔齊餓於首陽之下,

민 도 우 금 칭 지　　기 사 지 위 여
民到於今稱之. 其斯之謂與!

제경공은 말 4천 마리를 가지고 있었다. 하지만 그가 죽었을 때 사람들은 그에게 덕
이 있다고 말하지 않았다. 백이와 숙제는 수양산 아래서 굶주렸지만 사람들이 지금
에 이르도록 칭송하고 있다. (부귀보다 인덕이 더 가치 있는 것은) 아마도 이를 두고 말
하는 것이리라!

〈계씨편제십육(季氏篇第十六)〉 중에서

진정한 군자는 사는 동안 부귀영화, 허영, 허세, 권력
에 지나치게 연연하지 않는다. 군자는 자신이 죽은 후 후
대 사람들로부터 받게 될 평가에 더 큰 의미를 부여한다.
살아서 금과 옥으로 집 안을 가득 채운다 한들 무슨 의미
가 있겠는가? 이런 물질적 풍요보다 더 중요한 것은 대
대손손 길이 남을 도덕적 영향력과 정신적 가치 추구의
마음가짐이다.

진리를 추구할수록 높아지는 군자의 경지

<ruby>君<rt>군</rt></ruby><ruby>子<rt>자</rt></ruby><ruby>上<rt>상</rt></ruby><ruby>達<rt>달</rt></ruby>, <ruby>小<rt>소</rt></ruby><ruby>人<rt>인</rt></ruby><ruby>下<rt>하</rt></ruby><ruby>達<rt>달</rt></ruby>.

군자는 위로 통달하여 인의에 밝고, 소인은 아래로 통달하여 잇속에 눈이 먼다.

〈헌문편제십사(憲問篇第十四)〉 중에서

군자는 하늘의 뜻, 천지자연의 법칙, 하늘의 이치, 양심과 천지에 인심을 세우는 것 등에 주목한다. 반면에 소인은 사리사욕, 재물, 향락, 잇속, 파벌에 주목한다.

군자의 경지는 높고 숭고하며, 소인의 경지는 낮고 천박하다. 군자는 진리를 추구하며 높은 경지를 향해 나아가고, 소인은 사소한 일에 집착하며 쉬운 길만 찾아 걸어간다. 그러니 군자의 경지는 갈수록 높아지고, 소인의 경지는 나날이 낮아질 수밖에 없다.

자신에게 주는 긍정의 심리적 암시

善居室. 始有, 曰: 苟合矣.

少有, 曰: 苟完矣.

富有, 曰: 苟美矣.

그는 집안을 잘 다스렸다. 처음 재산이 모이기 시작하자 "그런대로 모였다"라고 하였고, 어느 정도 재산을 가지게 되자 "그런대로 다 갖추어졌다"라고 하였고, 더 많은 재산이 모여 부유해지자 "그런대로 아름다워졌다"라고 하였다.

〈자로편제십삼(子路篇第十三)〉 중에서

항상 긍정적으로 자신을 격려해야 긍정의 에너지가 더해질 수 있다.

과하다 싶을 정도로 계속 자신을 격려하다 보면 부정적인 생각 혹은 걱정스러운 일이 좋은 방향으로 변하기도 한다. 일마다 지나치게 회의적으로, 부정적으로 바라본다면 그 결과는 정말 재앙으로 변할 수 있다.

비교 불가의 도덕적 힘

내 성 불 구　부 하 우 하 구
內省不疚, 夫何憂何懼?

안으로 살폈을 때 부끄러움이 없으니 어찌 근심하고 두려워하겠는가?

〈안연편제십이(顔淵篇第十二)〉 중에서

인의와 도덕의 힘은 비교 불가의 영역이다. 자아 심판은 내면을 들여다보고 평가하는 가장 엄격하면서도 무자비한 행위다.

세상을 속여 명예를 훔치고, 허위로 날조하고, 거짓을 꾸미고, 사실을 왜곡하고, 그렇게 자아도취와 자만에 빠진들 덧없고 덧없을 뿐이다. 군자의 정도는 물론 인애와 예법의 전통 앞에서는 여전히 궁색해지고 수치심을 느낄테니까 말이다.

강한 척 꾸미는 말과 표정은 나약한 내면을, 과장된 언행은 빈곤과 결핍을, 대책 없는 행동은 이미 속수무책임을, 허풍은 두려움과 위태로움을 적나라하게 드러낸다.

겉모습으로 사람을 평가하지 말라

논독시여   군자자호   색장자호
論篤是與, 君子者乎? 色莊者乎?

말하는 것이 미덥고 조리 있어 그를 인정해준다면 그가 군자다운 사람이라는 것인가? 겉모습만 그럴싸한 사람이라는 것인가?

〈선진편제십일(先進篇第十一)〉 중에서

어떤 가치이든 그것을 인정하는 과정에서 진위를 가리기 힘든 번거로움이 생길 수 있다. 소인배와 위선자 중 과연 누가 더 문제가 될까? 이것을 가리는 문제는 늘 우리를 곤혹스럽게 만든다.

이럴 때 공인된 가치 기준을 지키지 않고 무시해서는 안 되며, 도덕 허무주의와 적나라한 실리주의에 빠져서도 안 된다. 또한 가치가 인정된다고 해서 가치 위조, 가치 패권에 대한 폭로와 비판의 고삐를 늦춰서는 안 된다.

설령 한 사람이 이미 성공의 본보기가 되어 도덕적 기치가 되었을지라도, 우리는 그의 향후 행보를 주시하면서 그가 새로운 공을 세우고 더 발전할 수 있도록 도와야 한다.

누구나 성실하고 충직한 사람을 추앙하고자 한다. 문제
는 그런 사람이 과연 진짜 군자인지, 아니면 겉모습만 그
럴싸한 사람인지 알 수 없다는 데 있다.

세 가지 일을 잘하면 큰 성과를 거둘 수 있다

지급지　인능수지　장이리지
知及之, 仁能守之, 莊以涖之.

지가 그 자리에 이르고, 인이 그 자리를 지키고, 정중함으로 그 자리에 임한다.

〈위령공편제십오(衛靈公篇第十五)〉 중에서

첫째, 인(仁)이다. 어질지 못하면 아무것도 지킬 수 없다. 어질지 못한 자는 추대를 받거나 친화적인 관계를 유지할 수 없다. 또한 지식과 지혜가 아무리 뛰어난들 그 어디에도 발붙일 수 없다. 재능은 뛰어나지만 부덕한 인생을 살다가 끝내 추태를 드러낸 채 나락으로 떨어진 예는 동서고금을 통틀어 수없이 많다.

둘째, 맡은 일을 충실히 해내는 것이다. 인과 애를 가졌다 해도 일 처리가 허술하고 성실하지 못하면 결국 헛수고하는 셈이니, 큰 성과를 거둘 수 없을뿐더러 심지어 일을 망치기도 한다. 그 대표적 예가 지난날의 망국 군주들, 그리고 탁상공론만 일삼던 세도가들이다.

셋째, 지혜로운 태도다. 인과 애뿐 아니라 성실한 태도와 지혜까지 가지고 있다면 외면과 내면이 모두 완벽하다고 할 수 있다.

궁극의 '사람됨'으로 나아가는 방법

자 온 이 려   위 이 불 맹   공 이 안
子溫而厲, 威而不猛, 恭而安.

공자께서는 온화하면서도 절도가 있고, 위엄을 갖추면서도 사납지 않으며, 정중하면서도 자연스러우셨다.

〈술이편제칠〉 중에서

사람됨을 시시각각으로 주도면밀하게 유지하는 것은 결코 쉬운 일이 아니다. 그럼에도 계속 노력해야 한다. 이는 장기적으로 볼 때 몇 가지 방면의 균형을 추구하는 것이기도 하다.

온화함을 유지하다 보면 확고부동한 태도와 원칙을 잃게 되므로 엄격한 잣대를 적용해야 한다. 위엄은 분명 필요하다. 다만 너무 강력하고 무모한 위엄은 상대를 해칠 수 있으니, 그 수위와 완급을 조절해야 한다. 또한 지나친 공경과 지나친 신중으로 말미암아 전전긍긍 어쩌지 못하는 것 역시 균형을 잃었다는 방증이니, 마음가짐을 좀 더 편안하고 여유롭게 가져야 한다.

이것이 궁극의 '사람됨'으로 나아가는 방법이다.

지나침은 모자람만 못하다

인 무 원 려　　필 유 근 우
人無遠慮, 必有近憂.

멀리 내다보고 대비하지 않으면 가까운 시일 내에 근심이 생긴다.

〈위령공편제십오〉 중에서

비교적 먼 미래에 닥칠지도 모를 문젯거리를 미리 고
려하고 대비하지 않으면 가까운 시일에 근심거리와 맞
닥뜨리게 된다.

물론 너무 지나치게 먼 미래까지 걱정하며 미리 문젯거
리의 싹을 자르기 위해 안간힘을 쓸 필요는 없다. 자칫
선수를 쳐서 기선을 제압하려다 도리어 평지풍파를 일
으키며 자신을 수렁에 빠뜨리는 결과를 초래할 수 있다.

객관적으로 자신을 판단하고
스스로를 책임져라

_{오 미 견 능 견 기 과 이 내 자 송 자 야}
吾未見能見其過而内自訟者也.

나는 자신의 허물을 알아챈 후 마음속 깊이 자책하는 이를 아직 보지 못하였다.

〈공야장편제오(公冶長篇第五)〉 중에서

잘못을 깨닫고 진심으로 잘못을 뉘우치며 변화하고자
노력하는 사람은 극히 드물다. 사람은 누구나 자기애와
자만심에 빠져 자신에게 관대해지기 쉽고 결국 그것이
방종으로 이어진다.

따라서 자신의 내면을 명확하게 들여다보고 객관적으로
판단하며 변화를 위해 노력하는 것이 무엇보다 중요하다.

자아의 적절한 포지셔닝 찾기

부 지 례　무 이 립 야 .
不知禮, 無以立也.

예법의 이치와 규정을 모르면 바로 설 수 없다.

〈자장편제십구(子張篇第十九)〉 중에서

어른과 아이 사이의 차례와 질서, 신분과 지위의 높고 낮음, 상하 전후의 이치와 규칙을 알아야 한다. 또한 적절한 자아 정립과 더불어 질서와 화목을 위해 필요한 요구 조건에 부합할 줄 알아야 한다.

그렇지 않으면 뜻밖에도 자신이 파괴적 존재가 될 수 있다.

현재를 살아가라

고 불 고   고 재   고 재
觚不觚, 觚哉! 觚哉!

모난 술잔이 모가 나지 않으면, 모난 술잔이겠는가! 모난 술잔이라고 하겠는가!

〈옹야편제육〉 중에서

천지 만물은 시대와 더불어 변하며 속박의 굴레에 갇혀 있지 않다.

'강산은 시대마다 인재를 배출하고, 각 시대의 문학 작품들은 수백 년을 이어져 내려왔다.'

술잔은 늘 같은 모양일 수 없고, 술도 늘 같은 술일 수 없으며, 마시는 방법도 시대마다 다르다. 문화는 축적을 거쳐 고착되다가도 어느새 퇴색하고 사라져버리는 특징을 가지고 있다.

누구나 어린 시절을 그리워하고, 첫사랑의 기억을 쉽게 잊지 못한다. 하지만 과거는 이미 지나가 다시 돌아오지 않고, 함께 술잔을 기울이던 사람도 결국 예전의 그가 아니다. 지나간 것에 대한 그리움을 탄식하듯 토로하는 건

지극히 자연스러운 현상이다. 하지만 어린 시절이나 첫 사랑으로 돌아가기 위해 애쓸 필요는 전혀 없다.

앞을 향해 나아가는 것이 삶이다. 설령 지난날이 아무리 아름다웠던들 과거는 과거일 뿐이다. 미래를 위해 현재를 살아갈 뿐이니, 과거에 얽매이는 것은 어리석은 짓이다. 모든 것은 그 나름대로 존재 의미가 있다. 모가 난 술잔은 모가 난대로, 둥근 술잔은 둥근 대로 그 존재가치를 지니고 있다.

완벽할 수 없는 현실을 인정하라

'相維辟公, 天子穆穆', 奚取於三家之堂?
<small>상 유 벽 공   천 자 목 목   해 취 어 삼 가 지 당</small>

'제후들은 제사를 돕고, 그 자리에 서 계시는 천자의 모습은 장엄하도다'라는 가사
의 노래를 어찌 이 세 대부들 집안의 사당에 쓰겠는가?

〈팔일편제삼〉 중에서

어떤 질서도 그 속을 들여다보면 불합리하고 부실한 일
면을 가지고 있다. 모든 질서를 파괴하고 재건하기 위해
서는 그에 상응하는 대가와 시간이 필요하다. 이것은 인
류 사회의 영원한 골칫거리이자 고통을 수반하는 숙제
라고 할 수 있다.

특정한 질서를 무너뜨린다는 것은 더 나은 질서와 새로
운 희망을 약속하는 의미이기도 하다. 하지만 기대했던
희망이 뒤따르지 않으면 기존 질서에 대한 그리움과 회
귀본능을 피하기 어렵다.

능력 밖의 현실 수긍하기

사 생 유 명　　부 귀 재 천
死生有命, 富貴在天.

죽고 사는 것은 운명 소관이고, 부귀는 하늘의 뜻에 달려 있다.

〈안연편제십이〉 중에서

삶과 죽음, 빈부귀천을 나눌 때 정해진 운명은 당연히 존재하지 않는다. 하지만 살다 보면 개인의 노력, 사회적 환경처럼 불가항력적 요소 외에도 우연, 확률 등의 필연적이지 않은 요소, 상황, 결과 등도 확실히 존재한다.

이런 필연적이지 않은 요소와 맞닥뜨리면 행동과 사고력은 한계에 부딪히고, 마치 소설처럼 운명의 소용돌이에 자신을 맡길 수밖에 없다.

이런 현실적 한계를 이해해야만 자기 능력 밖의 일 때문에 마음 쓰고 초조해하며 헛된 생각에 빠지는 일을 막을 수 있다. 물론, 그렇다고 해서 능력의 한도 내에서 최선을 다하는 노력까지 포기해서는 안 된다.

정상적인 삶의 흐름을 받아들여라

노 이 불 사　시 위 적
老而不死, 是爲賊

늦어서 죽지 않는 것이 바로 도적이다.

〈헌문편제십사〉 중에서

생로병사는 정상적인 삶의 흐름이자 하늘의 뜻, 즉
천명이다. 누구나 이런 정상적인 삶의 흐름에 익숙해져
야 하고, 이런 상황을 기꺼이 받아들일 줄 알아야 한다.
너무나 특이하게 늙어도 죽지 않는 것이야말로 정상적
인 궤도와 당연한 이치를 거스르는 일이다.

최악을 최고로 바꾸는 저력 키우기

貧而無怨難, 富而無驕易.
빈 이 무 원 난　부 이 무 교 이

가난하면서 원망하지 않기란 어렵지만, 부유하면서 교만하지 않기란 쉽다.

〈헌문편제십사〉 중에서

　부유하면서도 교만하지 않으면 금상첨화라 할 수 있
는데, 이것은 어느 정도의 상식과 생각의 깊이를 갖춘 사
람이라면 누구나 해낼 수 있는 일이다.

　빈곤은 한 사람의 지위와 영예를 곤두박질치게 만든다.
또한 수렁에 빠진 듯 우울한 감정에서 헤어나기 어려울
만큼 사람을 무너뜨린다. 가난을 원망하는 마음과 그런
불평에서 벗어나려면 시련을 극복하고 더 높은 경지로
나아갈 수 있다는 믿음과 저력을 키워야 한다.

기쁨과 두려움이 공존하는 삶

父母之年, 不可不知也.
_{부 모 지 년} _{불 가 부 지 야}

一則以喜, 一則以懼.
_{일 즉 이 희} _{일 즉 이 구}

부모님의 연세를 알고 있지 않으면 안 된다. (부모님의 연세를 알고 있으면) 한편으로는 (부모님의 장수로 말미암아) 기쁘고, 한편으로는 (부모님의 연로로 말미암아) 두렵다.

〈이인편제사(里仁篇第四)〉 중에서

인생의 수많은 성공과 발전, 새로운 경험, 좋은 일은 모두 '한편으로는 기쁘고 한편으로는 두려운' 감정을 내포하고 있다.

다시 말해서 이것은 두려움으로 기쁨을 희석하여 흥분을 가라앉히고, 절망적인 상황과 혹시 닥칠지 모를 위기 상황에 대한 두려움을 피하려는 노력일 수도 있다.

얻는 것이 있으면 잃는 것도 있다

士志於道, 而恥惡衣惡食者, 未足與議也.

도에 뜻을 둔 선비가 거친 옷과 음식을 부끄러워한다면 더불어 도를 논할 만한 이가 아니다.

〈이인편제사〉 중에서

하나를 얻으면 하나를 잃게 마련이다. 장점이 있으면 단점도 있는 법이다.

무언가를 얻고자 한다면 그 대가 혹은 희생을 치러야 한다. 잇속을 차리며 손해 보는 것을 견디지 못하는 사람, 이익에 눈이 먼 사람, 작은 그릇을 주면 싫어하고 큰 그릇을 주면 부끄러워하는 식의 종잡을 수 없는 사람은 도와 거리가 먼 인물이다. 그런 사람은 도를 논할 자격조차 없다.

무슨 일이든 좋은 면을 먼저 생각하라

인 자 불 우
仁者不憂.

어진 자는 근심하지 아니한다.

〈자한편제구〉 중에서

어질고 자애로운 사람에게도 근심은 있다. 다만 그는 다른 사람의 악의적인 말과 행동에 과민 반응하며 근심에 휩싸이지 않는다.

그는 좋은 면을 먼저 생각하고, 자신이 온전히 이해하지 못한 인간사에 대처하고, 더 나아가 적의를 선의로 바꾸고, 역경을 순조롭게 풀어 나아간다.

매사에 두 가지 대비를 하라

용 지 즉 행   사 지 즉 장

用之則行, 舍之則藏.

(조정에서 우리를) 써주면 도를 행하고, 버리면 은둔한다.

〈술이편제칠〉중에서

옛말에 '세상에 쓰일 때는 나아가서 자기 도를 행하고,
쓰이지 아니할 때는 물러나 은거한다'고 했다. 사회생활
을 하면서 한사코 앞으로 나아갈 생각만 하지 말고 나아
가고 물러설 때를 대비해 쌍방향으로 움직일 수 있어야
한다. 그렇게 할 때 확고히 자리매김을 할 수 있다.

이것이 바로 중용이다. 막무가내 덤비지 않고, 경솔하게
목숨을 걸지 않고, 한 가지 가능성만 고려하지 않고, 그
렇게 모든 일을 즐기면서 능히 감당할 수 있어야 한다.
그럴 때 비로소 중용의 도를 행했다고 할 수 있다.

나아갈 때와 물러날 때를 아는 지혜

오 여 회 언 종 일　　불 위　　여 우
吾與回言終日, 不違, 如愚.

퇴 이 성 기 사　　역 족 이 발　　회 야 불 우
退而省其私, 亦足以發, 回也不愚.

내가 안회와 더불어 온종일 이야기를 나누었을 때 그는 어리석은 사람처럼 아무런 문제 제기도 하지 않았다. 그런데 나중에 그의 생활을 들여다보니 그는 내가 말한 것을 충분히 이해하면서 실천하고 있었다. 그 말인즉슨 안회는 어리석은 사람이 아니었다.

〈위정편제이〉 중에서

잘난 척하지만 내실이 없는 사람은 헛똑똑이에 지나지 않는다. 어리숙해 보이지만 내실을 갖추는 것이야말로 공격과 방어에 능한 인생 지혜라고 할 수 있다.

겉으로 똑똑함을 드러내는 사람은 시선을 끌고 질투와 경계, 공격의 대상이 되기 쉽다. 능력을 드러내는 사람은 남의 환심을 사려고 아첨하거나 분수 이상의 과한 욕심을 부리는 것처럼 보일 수 있다.

북송의 시인 소식(蘇軾)이 아이의 잔칫날에 장난삼아 지은 시에는 이런 구절이 나온다.

'사람들은 아이를 키우며 똑똑하기를 바라지만, 나 자신은 똑똑하게 살다 일생을 그르쳤네. 그래서 바라건대 내 아이는 둔하고 어리석어 재앙도 난관도 없이 공경대부에 올랐으면.'

이는 뼈저린 경험을 바탕으로 한 그의 진심이자 처세술이다. 똑똑해 보이지만 실속이 없는 삶을 사느니, 차라리 겉으로 어리석어 보일지라도 속이 꽉 찬 사람이 되는 편이 낫다고 본 것이다. 세상 모든 부모가 자식들을 똑똑하게 키우고 그들이 입신양명해 부귀영화를 누리길 바란다. 하지만 한편으로는 반짝반짝 빛나는 그 총명함이 도리어 독이 되고 모난 돌이 정을 맞듯 세인의 공격과 시기의 대상이 될 수 있다. 소식 역시 이런 점을 염려하며 자신의 오랜 경험에 비춘 삶의 지혜를 시로 녹여냈다.

거듭 말한다. 똑똑해 보이지만 실속 없는 삶을 사느니, 차라리 겉으로 어리석어 보일지라도 속이 꽉 찬 사람이 되는 편이 낫다.

이 보 전진을 위한 일 보 후퇴

<ruby>甯<rt>영</rt></ruby><ruby>武<rt>무</rt></ruby><ruby>子<rt>자</rt></ruby>, <ruby>邦<rt>방</rt></ruby><ruby>有<rt>유</rt></ruby><ruby>道<rt>도</rt></ruby><ruby>則<rt>즉</rt></ruby><ruby>知<rt>지</rt></ruby>. <ruby>邦<rt>방</rt></ruby><ruby>無<rt>무</rt></ruby><ruby>道<rt>도</rt></ruby><ruby>則<rt>즉</rt></ruby><ruby>愚<rt>우</rt></ruby>.

<ruby>其<rt>기</rt></ruby><ruby>知<rt>지</rt></ruby><ruby>可<rt>가</rt></ruby><ruby>及<rt>급</rt></ruby><ruby>也<rt>야</rt></ruby>, <ruby>其<rt>기</rt></ruby><ruby>愚<rt>우</rt></ruby><ruby>不<rt>불</rt></ruby><ruby>可<rt>가</rt></ruby><ruby>及<rt>급</rt></ruby><ruby>也<rt>야</rt></ruby>.

영무자는 나라에 도가 바로 서 있을 때는 지혜롭고, 나라가 혼란스럽고 임금이 무도할 때는 어리석게 굴었다. 그 지혜로움은 따라잡을 수 있다고 해도, 그 어리석음은 따라잡기 어렵다.

〈공야장편제오〉 중에서

맹자는 "궁할 때는 자신을 돌보고, 일이 잘 풀릴 때 비로소 천하를 다스린다(窮則獨善其身궁즉독선기신, 達則兼濟天下달즉겸제천하)"고 했다. 이것은 이 보 전진을 위한 일 보 후퇴이다. 또한 자신을 둘러싼 객관적 상황을 파악하고 고집만으로 문제가 해결되지 않으니, 모든 일에는 때가 있다는 말이기도 하다.

매사에 잘난 면을 드러내고 앞을 다투는 것만이 처세의 정답은 아니다. 이런 점이 도리어 자신의 천박하고 유치하고 비속한 면을 드러내는 데 일조한다. 영험할 때는 영험하고, 무뎌질 때는 무뎌지고, 나설 때와 물러설 때를 알아야 비로소 자신의 인격과 가치를 지킬 수 있다.

물질적 만족의 적정선 찾기

군 자 식 무 구 포　지 무 구 안
君子食無求飽, 居無求安.

군자는 먹는 것에 대해 배부름을 추구하지 않고, 거처하는 것에 대해 안락함을 구하지 않는다.

〈학이편제일(學而篇第一)〉 중에서

정신적 추구뿐 아니라 의식주에 필요한 기본적 수요를 고려하지 않으면 안 된다. 삶에 필요한 가장 기본적인 물질적 수요조차 보장되지 않으면 제아무리 군자라도 견뎌낼 수 없다.

노동, 일, 사회적 공헌도에 따라 잘 먹고 잘살 수 있다면, 이것은 수치스러운 일이라기보다 도리어 자랑스러운 일이 될 수 있다. 이것이야말로 사회 메커니즘이 잘 돌아간다는 것을 어느 정도 보여주는 방증이다. 중국 청나라의 소설가 조설근(曹雪芹)은 온 집안이 국으로 끼니를 때우고, 술은 항상 외상으로 마시는 생활을 했지만 위대했다. 괴테는 사치스럽고 부유한 생활을 누렸지만, 누구도 그를 감히 위대하지 않다고 말하지 못한다.

명리를 추구하되 명리에 빠지지 않기

의 폐 온 포　여 의 호 학 자 립
衣敝縕袍, 與衣狐貉者立,

이 불 치 자　기 유 야 여
而不恥者, 其由也與?

불 기 불 구　하 용 부 장
'不忮不求, 何用不臧?'

해진 솜옷을 입고서 여우나 담비 가죽옷을 입은 사람과 같이 서 있어도 부끄러워
하지 않는 이가 있다면 바로 유(由) 아니겠는가? '남을 해치지 않고, 남의 것을 탐
하지 않는다면 어찌 훌륭하지 않겠는가?'

〈자한편제구〉 중에서

좋은 사람, 바른 사람, 군자는 속세의 이해득실에서 벗
어나 남들보다 못한 옷차림 때문에 부끄러워하지 않는
다. 타인의 권세와 이익을 시기하거나 쫓아갈 필요가 없
음을 깨달아야 한다. 또한 자신감에 안주하지 않고, 공덕
과 업적을 세우며 세상에 선한 영향력을 행사하고, 후세
에 길이 칭송받을 만한 일을 할 수 있어야 한다.

사실, 현실적으로 잘살지 못하는 상황에서 자신보다 잘 사는 사람을 시기하지 않고 살아가는 것은 결코 쉬운 일이 아니다. 명리의 굴레에서 벗어날 수 있는 사람이 과연 몇이나 될까? 실제로 사회 구조는 명리를 추구하는 인간의 심리를 이용해 각종 시스템을 만들어내고 있다.

명성을 좇되 그 명성을 더 소중히 여겨라

군 자 질 몰 세 이 명 불 칭 언
君子疾沒世而名不稱焉.

군자는 사는 동안 자신의 이름이 칭송받지 못할까 봐 두려워한다.

〈위령공편제십오〉 중에서

군자는 명예와 명성을 추구해야 한다. 하지만 이것은 우리가 흔히 비판하는 명리와 구분된다. 명리의 '이(利)'는 이익이고, 명예와 명성은 헛된 명성이나 남의 이름을 도용하는 것과 달리, 어떤 분야에서 성과와 덕을 바탕으로 세상에 공을 세우고 영향력을 끼치는 것을 의미한다. 헛된 명성을 얻었을 때 자중하며 기고만장해서는 안 된다. 물론 평생 아무런 성과도 거두지 못한 채 자기 연민에 빠져 한탄만 하는 것도 병이라고 할 수 있다.

사람들의 동정을 받은 쿵이지(루쉰魯迅의 단편소설《쿵이지孔乙己》의 주인공)를 예로 들어보자. 그가 사는 동안 그를 질투하고 시기한 사람이 설마 단 한 명도 없었을까? 그에게 타인을 화나게 하거나 구제 불능이라고 여길 만한 일

면이 과연 단 하나도 없었을까?

자신의 명성 관련 문제를 고려하다 보면 한 가지 좋은 점이 있다. 바로 자신의 말과 행동에 기준점이 생기고, 존엄을 유지하게 되며, 예와 도를 어기는 행동이나 그런 부류와 거리를 두게 된다.

네 가지의 작은 일부터 시작하라

인 자   기 언 야 인
仁者, 其言也訒.

어진 사람은 신중하므로 말을 삼간다.

〈안연편제십이〉 중에서

모든 결정을 나로부터 시작하고, 멀리 내다보며, 작은 일부터 실천해 나아가고, 인(仁)을 수행하는 것은 절대 어렵지 않다.

말의 속도를 늦추고, 예의를 갖춰 신중한 태도로 사람을 대하고, 예가 아닌 일은 하지 않으며, 스스로 인과 인이 아닌 것을 구분하고 결정할 수 있어야 한다.

인생에서 경계해야 할 세 가지

<ruby>少<rt>소</rt></ruby> <ruby>之<rt>지</rt></ruby> <ruby>時<rt>시</rt></ruby>, <ruby>血<rt>혈</rt></ruby> <ruby>氣<rt>기</rt></ruby> <ruby>未<rt>미</rt></ruby> <ruby>定<rt>정</rt></ruby>, <ruby>戒<rt>계</rt></ruby> <ruby>之<rt>지</rt></ruby> <ruby>在<rt>재</rt></ruby> <ruby>色<rt>색</rt></ruby>.

소 지 시　　혈 기 미 정　　계 지 재 색
少之時, 血氣未定, 戒之在色.

급 기 장 야　　혈 기 방 강　　계 지 재 투
及其壯也, 血氣方剛, 戒之在鬪.

급 기 로 야　　혈 기 기 쇠　　계 지 재 득
及其老也, 血氣既衰, 戒之在得.

어린 시절에는 혈기가 안정되지 않아 여색을 경계해야 하고, 장성하면 혈기가 왕성해지니 싸움을 조심해야 하고, 늙음에 이르러 혈기가 쇠해지면 얻음을 경계해야 한다.

〈계씨편제십육〉 중에서

군자는 사는 동안 세 가지를 경계해야 한다. 즉 어린 시절에는 여색을 경계해야 하고, 장성해서는 싸움을 조심해야 하고, 늙어서는 얻음을 경계해야 한다.

나이가 들어 경계해야 할 '얻음'은 일반적으로 '이익을 바라는 것'으로 해석된다. 늙는다고 해서 반드시 무엇을 원하게 되는 것은 아니지만, 이 시기가 되었을 때 과욕을 버리고 마음을 비우기 위한 노력이 더 필요한 것도 사실이다.

자기 통제력 키우기

不遷怒, 不貳過.
불 천 노 불 이 과

노여움을 남에게 옮기지 아니하며 같은 잘못을 두 번 반복하지 않는다.

〈옹야편제육〉 중에서

다른 사람에게 화풀이하지 않고 똑같은 실수를 반복하지 않는 것은 자신을 통제하는 수행의 과정이다.

화풀이하지 않는 것은 자신의 화를 다스릴 수 있다는 의미이고, 같은 실수를 두 번 반복하지 않는 것은 자신의 경험과 교훈을 잊지 않고 기억한다는 방증이다. 이것은 인격의 단련과 일맥상통한다.

반성의 가치

吾日三省吾身.

나는 하루에 세 번 스스로를 성찰하고 반성한다.

〈학이편제일〉 중에서

증자(曾子)는 하루에 세 번 스스로 반성했다. 그는 타인을 위해 일을 도모할 때 최선을 다해 심혈을 기울였는지, 친구와 사귈 때 말에 책임을 지며 신용을 지켰는지, 가르침을 받은 후 그것을 자기 것으로 만들고자 노력하고 실천했는지 살피며 자신을 돌아보았다.

하루에 세 번 자신을 반성하는 것은 더 나은 나를 위한 매우 보편적이고 유용한 자기 성찰법이다.

자신의 잘못을 고치는 데 인색하지 말라

공 기 악　무 공 인 지 악　비 수 특 여
攻其惡, 無攻人之惡, 非修慝與?

자신의 나쁜 점만 따지고 다른 사람의 잘못은 따지지 않는 것이 사특한 마음을 다스리는 것이 아니겠는가?

〈안연편제십이〉 중에서

　인간의 가장 큰 문제점은 옆 사람의 결점만 보고 자신의 문제점은 보지 못하는 것이다.

누구나 자기반성을 하며 자신을 단속할 줄 알아야 한다.

이것이 바로 수특(修慝, 사악한 마음을 다스리는 일)의 과정이다.

군자의 세 가지 두려움

군 자 유 삼 외   외 천 명   외 대 인   외 성 인 지 언
君子有三畏: 畏天命, 畏大人, 畏聖人之言.

군자에게는 세 가지 두려움이 있다. 천명 특히 하늘에서 내리는 징벌을 두려워하고, 덕이 높은 대인을 두려워하고, 성인의 말씀을 두려워한다.

〈계씨편제십육〉 중에서

도덕적 기준이 되는 옛 성인의 말씀과 천명을 경외하지 않고, 인류가 축적해온 모든 물질과 정신적 자원을 소중히 여기지 않고, 세상을 업신여기며 분개하고, 입으로만 말할 뿐 실행하지 않아 일을 그르친다면 사는 동안 그 어떤 성취도 기대할 수 없다.

소인은 천명을 모르니 거리낌이나 두려움이 없고, 성인의 말 또한 업신여긴다. 천명을 두려워하는 것이 군자이니, 천명을 모르면 군자라 할 수 없다.

두려움 속에 복이 깃들어 있다

제 사 경　상 사 애　기 가 이 의
祭思敬, 喪思哀, 其可已矣.

제사를 지낼 때 공경할 수 있도록 노력하고, 상을 당했을 때 슬픔을 생각한다면 선비로서의 기본적인 자질을 갖추었다고 할 수 있다.

〈자장편제십구〉 중에서

사회가 현대화될수록 미혹을 향한 사람들의 두려움도 점점 사라지고 있다. 이는 인간의 자기해방일 수 있다. 하지만 제멋대로 행동하는 경향이 강해지면 결과적으로 재앙이 초래될 수도 있다. 두려움이나 제약조차 없이 무소불위의 기세로 미혹에 휩쓸렸을 때 선악의 갈림길에서 어떤 결과가 만들어질지 숙고해봐야 한다.

두려운 마음을 어느 정도 가진 사람에게 복이 깃든다고 했다. 두려운 마음은 근본을 지켜야 하기에 생기고, 그 마음을 어느 정도 품어야 이해관계에 얽혔을 때 근본을 망각하는 일을 피할 수 있다. 일말의 두려움이나 근심조차 없이 행해진 절대적 허무, 그러한 자유 안에서는 아무런 생명력도 기대할 수 없다.

피해야 할 인간 유형

오 칭 인 지 악 자   오 거 하 류 이 산 상 자
惡稱人之惡者, 惡居下流而訕上者,
오 용 이 무 례 자   오 과 감 이 질 자
惡勇而無禮者, 惡果敢而窒者.

군자는 남의 나쁜 점을 말하는 사람, 아랫자리에 있으면서 윗사람을 비방하는 사람, 용기만 있고 예가 없는 사람, 과감하기만 하고 융통성이 없는 사람을 미워한다.

〈양화편제십칠〉 중에서

타인의 약점을 걸핏하면 들먹이는 사람이라면 일단 경계해야 한다. 그런 사람은 다른 이에게 나의 욕도 얼마든지 할 수 있다. 거리낌 없이 남의 험담을 늘어놓는 것 자체만 봐도 세 치 혀로 얼마든지 타인을 해칠 사람임을 짐작할 수 있다.

약삭빠른 사람은 어디를 가든 자신을 과시하려 애쓴다. 하지만 그의 우매하고 비열하고 노골적인 아첨과 이간질 그리고 자신의 공을 과장하며 허풍 떠는 모습은 타인의 거부감을 불러일으키기에 충분하다.

인과 덕을 갖추지 못한
어리석은 삶에서 벗어나기

불인자불가이구처약　불가이장처락
不仁者不可以久處約, 不可以長處樂.

어질지 못한 사람은 곤궁한 상황에 오래 머물지 못하며, 오래도록 안락하게 지내
지도 못한다.

〈이인편제사〉 중에서

안목이 짧고 눈앞의 이익에만 급급한 모습은 나약하
고 어리석은 사람의 전형적 특징이다. 그런 이들은 좌절
과 억울함을 감당하지 못하고, 멀리 내다볼 줄 모르며,
자신을 통제하지 못한다.

그래서 그들에게는 긍정적 요소를 총동원해 화를 피할
방도가 없고, 좋은 벗은 물론 믿고 따를 만한 사람 또한
곁에 남아 있지 않다.

실패와 성공 그리고 빈부와 귀천을 결정짓는 과정에서
주변 사람의 역할도 중요한데, 이런 부류의 사람을 곁에
두는 순간부터 함께 나락으로 떨어질 수밖에 없다.

어질지 못한 자는 소박하고 청빈한 생활 속에 오래 머물지 못할 뿐 아니라 즐겁고 행복한 삶을 오래 지속할 수 없다.

최소한의 인과 덕을 갖추지 못한 사람은 어떤 환경에서도 겉돌게 되므로 늘 마음속에 불만이 사라지지 않는다.

네 가지 결점에 물들지 않기

子絶四: 毋意, 毋必, 毋固, 毋我.
자 절 사　무 의　무 필　무 고　무 아

공자께서는 네 가지를 하지 않으셨다. 사사로운 억측을 하지 않기, 장담하지 않기, 자기 의견만 고집하지 않기, 자기만 생각하는 이기적인 행동을 하지 않기.

〈자한편제구〉 중에서

　사람은 누구나 네 가지 결점에 물들어서는 안 된다. 첫째, 제멋대로 망상하며 감정적으로 행동하는 것. 둘째, 한 가지 이치를 비판 없이 절대 신봉하는 것. 셋째, 고집불통이 되어 경직된 사고로 제자리걸음을 하는 것. 넷째, 자기중심적으로 생각하고 남 말을 듣지 않은 채 자신의 주장만 하는 것.

　사람은 이치에 밝고 변화를 받아들이며 끊임없이 발전해야 한다. 고지식하게 옛 틀에만 얽매여 소통을 거부하는 인생을 살아서는 안 된다.

강한 마음과 태도를 고수하라

오 도 일 이 관 지
吾道一以貫之.

내 도의 원칙은 시종일관 하나로 관통된다.

〈이인편제사〉 중에서

일관된 마음과 태도가 중요하다. 대인배들은 자신의 장점에 관해 물을 때 이렇게 답하곤 한다.

"목표가 늘 한결같다."

이처럼 한 사람의 확고한 신념과 책임감은 고난을 두려워하지 않게 하고, 기회주의에 흔들리지 않는 근간을 이뤄주며, 강한 내면과 자신감의 원천이 되어준다.

그렇다면 소인배는 어떨까? 그들은 한 가지 원칙을 고수하며 외길을 걷는 것이 아니라 이리저리 기회를 엿보고, 상황에 맞춰 말을 바꾸고, 교묘한 수단으로 사리사욕을 취하고, 비굴히 남에게 빌붙고, 시류에 발맞춰 행동한다.

품위와 추구하는 바를 끝까지 고수하라

불강기지
不降其志.

자신의 뜻을 굽히지 아니한다.

〈미자편제십팔(微子篇第十八)〉 중에서

✦

한 사람에게 가장 으뜸이 되어야 할 것은 바로 자신의 '뜻'이다.

이 '뜻'은 자신이 추구하는 바 그리고 품위, 책임감, 이념을 향한 확고한 믿음, 발전을 위한 실천을 의미한다.

三章

먼저 좋은 사람이 된다

우선 좋은 사람이 되어라

제 자　입 즉 효　출 즉 제　근 이 신
弟子, 入則孝, 出則弟, 謹而信,

범 애 중　이 친 인　행 유 여 력　즉 이 학 문
汎愛衆, 而親仁, 行有餘力, 則以學文.

제자가 집에 들어가서는 부모님께 효도하고, 밖에 나가서는 언행을 삼가고 신의를
지키며, 널리 사람들을 사랑하며, 사람다운 도리를 실천하는 이를 가까이하며, 그
러고도 여력이 남으면 학문에 힘써야 한다.

〈학이편제일〉중에서

사람은 죽을 때까지 겸손하게 사람의 도리를 배우는
일을 게을리하면 안 된다. 이것은 한 사람의 됨됨이와 인
품에 영향을 미치는데, 이런 사람됨은 평생에 걸쳐 완성
된다.

사람됨의 기준은 평생 겸손하게 사람의 도리를 배우는
것이며, 이를 위해 우선 자신의 품격 및 인생관과 가치관
을 마련하고, 사람됨의 기본 원칙을 제대로 파악하고, 자
신의 기본적 인격을 형성하기 위해 노력하고, 그러고 난
후 여력이 생기면 학문과 기술에 매진해야 한다.

사람됨, 인간관계, 도덕과 자율성을 키우는 일이 최우선이 되어야 한다. 배움과 문화적 소양, 일의 성과, 출세와 공명은 그다음 문제다.

진정한 군자의 품격

子貢問曰: "賜也何如?"
자 공 문 왈　　사 야 하 여

子曰: "女器也."
자 왈　　여 기 야

曰: "何器也?"
왈　　하 기 야

曰: "瑚璉也."
왈　　호 련 야

자공이 여쭈었다. "저는 어떻습니까?" 공자께서 말씀하셨다. "너는 그릇이다." 자공이 이어 여쭈었다. "어떤 그릇입니까?" 공자께서 말씀하셨다. "귀한 호련 옥그릇(종묘 제사에 쓰는 옥그릇)이다."

〈공야장편제오〉 중에서

재능, 능력, 추진력이 있다면 좋은 재료를 가졌다고 할 만하다.

덕행, 자애로움, 공헌하는 자세를 갖추고 있어야 비로소 진정한 군자의 품격을 가진 것이다.

좋은 사람이 되는 길이 가장 안전하다

篤信好學, 守死善道.
독 신 호 학　수 사 선 도

(성현의 가르침에 대해) 두터운 믿음을 가지고 배우기를 좋아하며, 훌륭한 도를 사수하기 위해서라면 자신의 희생도 불사한다.

〈태백편제팔〉 중에서

신용을 유지하고, 배우기를 좋아하고, 원칙을 고수하고, 정확히 올바른 선택을 하는 것이야말로 도덕적 원칙뿐 아니라 영혼을 지키는 원칙에도 부합한다.

일반적 상황에서 올바른 삶과 꿈을 향해 나아가는 것이야말로 가장 효과적으로 영혼을 지키는 길이다. 옳고 그름, 인과 불인, 의와 불의의 원칙이 있는 사람일수록 자신을 잘 보호할 수 있다.

교묘하게 사리사욕을 취하고, 아첨을 일삼고, 무비판적인 추종과 횡포를 일삼고, 혼란한 틈을 타서 잇속을 차리고자 한다면 결국 자신의 명예를 훼손하면서 자신을 망치는 사람이 되고 만다.

양심은 최고의 면역 시스템이다

苟志於仁矣, 無惡也.

진실로 인에 뜻을 두고 그것을 실천할 마음이 있다면 악행을 저지를 리 없다.

〈이인편제사〉중에서

어진 마음으로 가득하고 선과 덕을 지향하는 것이 바로 양심이다. 이것은 진창에 빠져도 더럽게 물들지 않게 한다.

한마디로 양심은 악과의 인연을 철저히 끊을 수 있도록 돕는 최고의 면역 시스템이다.

덕행을 갖춘 자는 이루지 못할 것이 없다

덕 행   안 연   민 자 건   염 백 우   중 궁
德行: 顏淵, 閔子騫, 冉伯牛, 仲弓.

(공자께서 말씀하시길 나의 제자 중) 딕행 방년으로 출중한 사람이 있다면 안연, 민자건, 염백우, 중궁 네 사람을 꼽을 수 있다.

〈선진편제십일〉 중에서

덕행을 중시하고, 그것을 최우선으로 보아야 한다.

덕행 방면으로 출중한 자는 무슨 일을 해도 이루지 못할 것이 없다.

소인배는 군자의 적수가 될 수 없다

_{군 자 탄 탕 탕   소 인 장 척 척}
君子坦蕩蕩, 小人長感感.

군자는 언제나 마음이 넓고 여유가 있지만, 소인은 늘 근심하고 걱정한다.

〈술이편제칠〉 중에서

군자의 최대 장점은 넓고 여유로운 마음을 가졌다는 것이다. 군자의 정신적 경지는 끝을 알 수 없을 정도로 드넓다. 그래서 암암리에 행해지는 중상모략, 하찮은 소인배들의 공공연한 공격 따위는 안중에 두지 않는다. 그의 정신 공간은 소인의 그것과 천지 차이다.

소인배는 우선 그릇이 작고, 안목이 짧다. 옹졸하고 계산적으로 따진다. 마음이 꼬여 있고, 말과 행동이 야무지지 못하다. 이러하니 어찌 군자의 적수가 될 수 있겠는가?

좋은 사람만이 좋고 나쁨을 가릴 권리를 갖는다

유 인 자 능 호 인   능 오 인
唯仁者能好人, 能惡人.

오로지 바르고 어진 사람만이 남을 좋아할 줄 알고, 남을 미워할 줄도 안다.

〈이인편제사〉 중에서

인애(仁愛), 즉 선량하고 우호적이며 서로 돕는 마음은 사람됨의 주요 덕목이다.

당신이 바르고 어진 인물이라면, 당신의 친구 또한 바르고 어진 사람이 되도록 요구할 권리가 있다. 그리고 인에 어긋나는 일을 거절할 권리도 있다.

당신에게 인의 덕목이 전혀 없다면, 당신은 누구와도 우호적인 관계를 지속할 수 없다. 물론 누군가를 좋아하거나 미워할 권리도 없다.

덕으로 덕을 세워라

덕 불 고　필 유 린
德不孤, 必有鄰.

덕이 있는 사람은 외롭지 않으며 반드시 이웃이 있다.

〈이인편제사〉 중에서

덕으로 베풀며 사는 사람은 언젠가 세상의 인정을 받고 뜻을 함께할 벗을 얻게 된다. 이런 믿음을 가졌을 때 덕은 마침내 악을 이길 수 있다.

반면에 악은 근심거리와 더불어 화를 끌어들이니, 그 끝이 절대 좋을 수 없다.

됨됨이가 좋은 사람은 두려울 게 없다

천 생 덕 어 여   환 퇴 기 여 여 하
天生德於予, 桓魋其如予何?

하늘이 내게 은덕을 베풀어주셨거늘 환퇴가 나를 어찌하겠는가?

〈술이편제칠〉 중에서

인과 덕은 신념을 키워주고, 재능은 사람의 마음을 북
돋아주고, 학문은 마음과 포부를 넓게 가질 수 있도록 해
주고, 지혜는 정신적 압박감과 불안감을 줄여준다.

자신의 선택과 품성 그리고 인격에 대해 확고한 믿음을
가진 사람은 무슨 일이 닥쳐도 절대 두려워하지 않는다.

도덕도 법률의 바탕 위에 서야 한다

공 이 무 례 즉 로　　신 이 무 례 즉 사
恭而無禮則勞, 慎而無禮則葸,

용 이 무 례 즉 란　　직 이 무 례 즉 교
勇而無禮則亂, 直而無禮則絞.

공손하되 예법을 모르면 헛수고만 할 뿐 이로움이 없고, 신중하되 예법을 모르면
위축되어 앞으로 나아가지 못하고, 용감하되 예법을 모르면 질서를 어지럽히고,
솔직하되 예법을 모르면 상대방에게 상처를 줄 수 있다.

〈태백편제팔〉 중에서

　도덕 개념의 힘은 그 안에 담긴 미덕과 인간의 주체적
이고 주동적인 경향에서 나온다. 반면 법제(법률, 제도와
그 체제)와 예제(상례에 관한 제도)는 사회적 계약으로, 모
종의 강제성을 띤다. 광범위한 도덕론의 단점은 적정선
을 조율하기 어렵다는 데 있다. 도덕을 강제하는 힘이 너
무 가벼우면 효과를 장담하기 어렵고, 너무 무거우면 도
리어 반대 방향으로 튕겨 나갈 수도 있다. 예컨대 여성에
대한 도덕적 요구를 강요하며 명예 살인을 벌이는 경우
가 이에 해당한다.

법률은 성문 형식으로 규정해야 규범의 성질이 더 강해
지고, 누구도 함부로 해석할 수 없게 된다. 따라서 도덕
은 법률의 도움이 필요할 수밖에 없다.

늘 바른 생각과 태도를 유지하라

席不正, 不坐.

아무리 좋은 자리도 그 자리가 바르지 않으면 앉지 않는다.

〈향당편제십(鄕黨篇第十)〉 중에서

마음가짐과 행동, 자세가 바르고 단정해야 한다. 시종일관 세세한 부분까지도 소홀하지 않을 만큼 흐트러짐이 없어야 한다.

이런 상태를 유지하는 것이 힘들고 지칠 수 있지만, 이것이야말로 존경할 만한 사람됨의 모습을 완성하는 지름길이다.

좋은 사람이 되기 위한 원칙을 세워라

군 자 무 종 식 지 간 위 인
君子無終食之間違仁,

조 차 필 어 시   전 패 필 어 시
造次必於是, 顚沛必於是.

군자는 밥 먹는 동안에도 '인'을 떠나서는 안 되며, 아무리 위급하고 궁핍한 상황에서도 '인'과 '대의' 안에 머물 줄 알아야 한다.

〈이인편제사〉 중에서

사람됨을 위해서라면 인의 원칙을 고수해야 한다. 인의 도덕적 마지노선은 절대적 실용주의의 길을 피하고, 이익을 위해 의를 망각해서는 안 되며, 천리(天理)를 해쳐서도 안 되고, 인간에 대한 선량한 마음을 잃어서도 안 된다.

급격한 사회 변화의 길 위에서 사람들은 가치 혼돈을 겪고, 가치 기준을 잃거나 규범이 흔들리는 경험을 한다. 따라서 어떤 상황에서도 흔들리지 않는 확고부동한 원칙을 가지고 있어야 하는데, 그것이 바로 인의 원칙이다.

원칙을 고수하는 것은 쉽지 않다

군 자 고 궁　소 인 궁 사 람 의
君子固窮, 小人窮斯濫矣.

군자는 원래 물질적으로 곤궁하니 어려운 상황에 처해도 자신의 처지와 예법에 맞게 잘 참고 견디지만, 소인은 어려운 상황에 처하면 절제하지 못하고 함부로 행동한다.

〈위령공편제십오〉 중에서

군자는 가난을 당연한 것으로 알기 때문에 어떤 어려운 상황에 부닥쳐도 잘 참고 견딜 줄 안다. 이런 군자 정신 안에는 영웅주의적 비정함이 어느 정도 배어 있다.

자신의 이념과 원칙을 고수하는 것은 결코 쉬운 일이 아니다. 공자조차도 막다른 길에 내몰린 적이 있을 만큼 사람은 누구나 좌절과 시련 속에서 궁지에 몰리는 경험을 한다. 다만 그런 처지에서도 자신의 원칙을 고수할 줄 아느냐에 따라 군자와 소인배가 갈릴 뿐이다.

좋은 사람이 해야 할 세 가지 일

<ruby>事<rt>사</rt></ruby><ruby>父<rt>부</rt></ruby><ruby>母<rt>모</rt></ruby>, <ruby>能<rt>능</rt></ruby><ruby>竭<rt>갈</rt></ruby><ruby>其<rt>기</rt></ruby><ruby>力<rt>력</rt></ruby>, <ruby>事<rt>사</rt></ruby><ruby>君<rt>군</rt></ruby>, <ruby>能<rt>능</rt></ruby><ruby>致<rt>치</rt></ruby><ruby>其<rt>기</rt></ruby><ruby>身<rt>신</rt></ruby>,

<ruby>與<rt>여</rt></ruby><ruby>朋<rt>붕</rt></ruby><ruby>友<rt>우</rt></ruby><ruby>交<rt>교</rt></ruby>, <ruby>言<rt>언</rt></ruby><ruby>而<rt>이</rt></ruby><ruby>有<rt>유</rt></ruby><ruby>信<rt>신</rt></ruby>.

부모를 섬길 때는 있는 힘을 다하고, 임금을 섬길 때는 헌신의 마음을 가져야 하고, 벗을 사귈 때는 언행을 일치시키며 믿을 만만 해야 한다.

〈학이편제일〉 중에서

사람은 누구나 고상한 도덕적 이상으로 충만한 삶에 둘러싸여 살기를 원한다.

하지만 효의 실천은 부양의 의무가 따르고, 충은 성과와 공적의 결과물을 떠나 논할 수 없다. 친구 간의 신용 역시 말과 행동이 일치하도록 노력하며 상대가 필요로 할 때 도움의 손길을 내미는 과정에서 만들어진다.

군자의 세 가지 태도

군 자 성 인 지 미
君子成人之美.

군자는 남의 장점을 이루도록 도와준다.

〈안연편제십이〉 중에서

 일할 때 긍정의 에너지를 발휘하려고 노력한다. 상대방의 나쁜 점을 감싸주고 좋은 점만을 치켜세우며 널리 좋은 인연을 맺는다. 가족, 친족, 친구, 동료를 지키기 위해 최선을 다한다.

요컨대 군자는 그 어떤 상황에서도 파괴적인 역할을 하지 않는다.

겸손한 품격

吾少也賤, 故多能鄙事.
오 소 야 천   고 다 능 비 사

君子多乎哉? 不多也.
군 자 다 호 재   부 다 야

나는 어릴 적 미천했기에 비천한 일에 매우 능하다. 군자가 능히 할 수 있는 것이
많은가? 많지 않다.

〈자한편제구〉 중에서

기회를 틈타 자신을 과시하는 소인배가 아니라 온화
하고 겸손한 군자가 되는 법을 배워야 한다.

가장 일상적이고 기초적인 일들부터 시작하여 주어진
모든 일에 성실히 최선을 다해야 한다. 그것이 겸손하
고 온화한 군자의 품격을 만들어가는 근간이다.

예의와 양보는 자신감에서 나온다

이 능 문 어 불 능　　이 다 문 어 과
以能問於不能, 以多問於寡.

유 약 무　　실 약 허　　범 이 불 교
有若無, 實若虛, 犯而不校.

다재다능하면서도 능력이 없는 사람에게 묻고, 지식이 넘치면서도 나보다 덜 알고
있는 사람에게 묻고, 있으면서도 없는 듯하고, 꽉 차 있으면서도 텅 빈 듯하고, 남
이 나에게 잘못을 해도 따지지 않는다.

〈태백편제팔〉 중에서

　예의, 양보, 겸손의 본질은 자신감이다. 자신감이 넘치
는 사람일수록 타인을 존중하고, 가르침을 청하는 데 거
리낌이 없다. 자신이 가진 정보와 지식이 많으므로 타인
의 무시와 경멸을 두려워하지 않고, 모자란 점을 채우기
위해 스스럼없이 가르침을 청할 수 있는 것이다.

　자신감이 넘치는 사람은 자신과 다른 의견일지라도 합
리적이라면 기꺼이 수용할 줄 안다. 그의 내면에서 우러
나오는 자신감은 사소한 시비, 오해, 감정적 일 처리에 절
대 휘둘리지 않고 당당하면서도 겸손히 자신의 길을 가
게 만드는 힘을 줄 수 있다.

말이 아닌 행동으로 사랑하라

아 미 견 호 인 자
我未見好仁者.

나는 '인'을 좋아하는 이를 보지 못했다.

〈이인편제사〉 중에서

예로부터 인애(덕성, 범애, 애심, 사랑, 선량, 이타, 원칙, 신앙, 가치 등)를 논하는 사람은 많지만, 마음속으로 그것을 위해 힘쓰는 이는 흔치 않다. 반대로 이익, 명성, 권력, 향유를 따지는 사람은 어디에서도 흔히 볼 수 있다.

이런 이유 때문에 내면의 인애를 중시하는 사람이 더 귀할 수밖에 없다.

마음속에서 인이 떠나지 않도록 하라

其心三月不違仁.
기 심 삼 월 불 위 인

안회는 그 마음이 석 달 동안 인에서 떠나지 않았다.

〈옹야편제육〉 중에서

인을 행하기란 절대 쉽지 않다. 인간의 내면과 외면은 욕망·이기심·미련·원망의 감정 등으로 가득 차 있는데, 이런 것들이 한 사람의 인덕을 무너뜨리기 때문이다. 사실 시종일관 인이 아닌 것과 싸우면서 시시각각 긴장의 끈을 놓지 않기란 절대 쉽지 않다. 다만, 누구에게나 마음속에 인과 덕이 존재하기 때문에 내면 수양에 주목한다면 올바른 도덕적 선택을 끊임없이 할 수 있다.

내면의 수련은 영원히 그 끝을 알 수 없다.

용감함은 의를 으뜸으로 삼아야 한다

군 자 의 이 위 상   군 자 유 용 이 무 의 위 란
君子義以爲上, 君子有勇而無義爲亂,

소 인 유 용 이 무 의 위 도
小人有勇而無義爲盜.

군자는 의를 으뜸으로 삼는다. 군자가 용맹하기만 하고 의로움이 없으면 난을 일으키고, 소인이 용맹하기만 하고 의로움이 없으면 도적질을 한다.

〈양화편제십칠〉 중에서

용감함은 추상적이거나 절대적인 것이 아니다.

용감함은 우매함, 편집증, 편협함과 결합하여서는 안 된다. 대의, 도리, 지혜와 한길을 가야 한다. 마음이 맑고 눈이 환한 통찰력, 그것이 뒷받침되어야 한다.

용감함을 학습하라

好勇不好學, 其蔽也亂.
호 용 불 호 학　기 폐 야 란

용감한 것을 좋아하되 배우기를 좋아하지 않으면 거칠고 무모하게 돌진하며 소란을 일으키기 쉽다.

〈양화편제십칠〉 중에서

　용감함은 긍정적인 덕목이다. 하지만 배움을 통해 그 덕목을 갈고닦지 않으면 거친 천성의 영향을 받아 다소 편파적으로 변질될 수 있다.

　정직하고 거침없는 성격이라고 자처하지만 말이나 행동으로 환심을 사는 사람, 부리기 쉽고 쓸모 있는 사람이라고 자처하지만 천박하게 영합하며 잇속을 차리는 사람, 정의감이 넘치는 사내대장부라고 자처하지만 큰소리치며 주목받고 싶어 할 뿐 내실이 없는 사람, 만사에 능통하다고 자처하지만 만사에 느슨한 사람, 착실하다고 자처하지만 우둔하고 배신을 일삼는 사람, 독립적인 인격을 가지고 있다고 자처하지만 온갖 수단을 동원해 명예를 추구하는 사람, 추진력이 있다고 자처하지만 거드름

만 피울 뿐 성과가 없는 사람……. 지금도 우리 주위에는
이런 사람들이 넘쳐난다.

사회 진출의 첫걸음, 타인을 이해하라

불 환 인 지 불 기 지　환 부 지 인 야
不患人之不己知, 患不知人也.

남이 자기를 알아주지 않는다고 근심할 것이 아니라 자기가 남을 알아주지 못하는 것을 근심하라.

〈학이편제일〉 중에서

누구나 사회생활을 하게 마련인데, 어떤 조직에 들어가면 필연적으로 서로 이해하고 의지하고 지지하는 문제와 맞닥뜨리게 된다. 속세를 떠나지 않는 이상 사회 속으로 발을 들여놓은 사람이라면 누구나 자신을 알아주지 못하는 세상과 능력을 제대로 발휘하지 못하는 현실에 불만을 품을 수 있다.

하지만 남들이 자신의 능력과 가치를 알아주지 않는 것을 염려하기에 앞서, 다른 사람의 생각을 이해하고 그의 가치를 알아보는 안목을 먼저 키워야 한다.

인정에 얽매이지 말라

군 자 불 시 기 친　불 사 대 신 원 호 불 이
君子不施其親, 不使大臣怨乎不以.

고 구 무 대 고　즉 불 기 야　무 구 비 어 일 인
故舊無大故, 則不棄也, 無求備於一人.

군자는 친족을 괄시해서는 안 되고, 대신들이 써주지 않음을 원망하게 해서는 안
되고, 오래도록 알고 지내온 사람들을 큰 과실이 없는 한 버려서는 안 되고, 한 사
람에게 완벽함을 요구해서는 안 된다.

〈미자편제십팔〉 중에서

　인정에 얽매이다 보면 자칫 원칙을 무너뜨려 화를 자
초할 수 있다. 오랫동안 알고 지내던 사람이나 친구와의
관계를 소중히 여기는 것은 물론 선의에 해당한다. 다만
이 관계에 발목이 잡히면 더 이상의 발전을 기대하기 어
렵고, 시야가 좁아지며, 편협해질 수 있다.
　특히 곁에 있는 오랜 벗이 권력관계를 이용해 사익을 탐
하며 범죄를 저지르는 경우라면, 사사로운 인정의 끈을
단호히 끊어내고 의리와 원칙을 지켜야 한다.

친구를 사귀는 첫 번째 원칙

안 평 중 선 여 인 교   구 이 경 지

晏平仲善與人交, 久而敬之.

안평중은 사람을 잘 사귀었으니, 오랜 세월이 흘러도 공경하는 마음을 잃지 않고
서로를 더욱 존중했다.

〈공야장편제오〉 중에서

서로 존중하는 것은 인간관계에 보편적으로 적용되는
원칙이다. 이는 친구를 사귈 때도 예외가 아니다.

친구 사이가 오래 지속될수록 서로를 존중하는 마음이
약해지면서 데면데면해지고 참을성이 사라져 약점이 드
러나기 십상이다. 그런 의미에서 오래된 사이일수록 예
의를 지키기 위해 노력하는 것은 매우 귀하고 가치 있는
일이다.

길이 멀어야 말의 힘을 알 수 있고, 세월이 흘러야 사람
의 마음을 알 수 있다고 했다. 그렇다. 오래된 친구 사이
일수록 우정의 진가가 빛을 발하게 마련이다.

친구를 잘 사귀려면 자신을 먼저 알아야 한다

我之不賢與, 人將拒我,

如之何其拒人也?

내가 현명하지 못하면 남이 나를 멀리할 것이니, 어떻게 내가 남을 멀리할 수 있겠느냐?

〈자장편제십구〉 중에서

친구를 잘 사귀고 싶다면 상대방의 조건이 아니라 자신의 조건을 먼저 살펴야 한다.

덕과 지혜 등 자신이 마땅히 갖추어야 할 인품이 상대방과 사귀기에 적합한지를 고려해야지, 상대의 가치를 따지고 그것이 자신에게 적합한지를 따져서는 안 된다.

왜 나쁜 벗을 사귀게 될까?

우 직   우 량   우 다 문   익 의
友直, 友諒, 友多聞, 益矣.

우 편 벽   우 선 유   우 편 녕   손 의
友便辟, 友善柔, 友便佞, 損矣.

정직한 사람, 성실한 사람, 견문이 넓은 사람이 서로 벗하면 유익함이 있다. 마음이 바르지 못한 사람, 행동이 성실하지 못한 사람, 말만 하고 아첨하는 사람과 서로 벗하면 해로움이 있다.

〈계씨편제십육〉 중에서

대다수가 아첨, 음모, 투기를 일삼는 사람들을 알아본다. 그런데도 그들이 자신의 답답한 마음을 풀어주고 기분 좋게 만들어주는 것에 혹하여 언젠가 써먹을 데가 있겠지 싶어 곁에 둔다. 하지만 그런 마음조차도 결국 그들에게 이용당한다.

또 한편으로는 어떤 사람들의 강직하고 성실한 모습을 인정하면서도 그들이 의뭉을 떠는 것은 아닌지 의심하고, 듣기 거북한 말에 불만을 품는다. 그래서 처음에는 그들을 경원시하고, 그다음에는 싫어서 멀리하고, 결국에는 분노하며 그들을 책망한다.

마음을 아는 것이
사람을 아는 것보다 더 어렵다

부 지 기 인 야
不知其仁也.

그가 어진 사람인지에 대해서는 모르겠소.

〈공야장편제오〉 중에서

한 사람의 마음을 아는 것이 그 사람을 알기보다 더 어렵다. 이 말처럼 한 사람의 마음속을 아는 것보다 그의 재간과 능력이 일에 적합한지를 판단하는 게 더 쉽다. 내면의 요구는 무한하며, 그 기준 또한 지극히 높기 때문이다.

의중을 살피는 데 능해야 한다

부 지 언　무 이 지 인 야
不知言, 無以知人也.

말의 의중을 헤아리지 못하면 그 사람을 알 수 없다.

〈요왈편제이십(堯曰篇第二十)〉 중에서

대화 속에서 드러나는 한 사람의 속내, 동기, 수준, 의도
를 분석하는 데 능해야 한다.

이것 역시 상당한 수준의 삶과 정치적 경험이 필요하다.
이런 충고는 말로 계속해봤자 아무 쓸모가 없다. 그저 반
복해서 의중을 파악하고, 분석하고, 판단하고, 추적하고,
대조하는 과정에서 단련될 수 있을 뿐이다.

과실을 보면 그 사람을 알 수 있다

인 지 과 야   각 어 기 당
人之過也, 各於其黨.

관 과   사 지 인 의
觀過, 斯知仁矣.

사람들의 잘못에는 저마다 부류가 있다. 그가 범하는 과실을 보면 그의 마음이 어질고 바른지를 알 수 있다.

〈이인편제사〉중에서

사람의 잘못이나 실수는 제각각이다. 한 사람이 어떤 과실을 범했는지 보면 그가 어떤 인물인지 알 수 있다. 위대한 인물의 과실과 소인배의 과실은 한 범주 안에서 비교할 수 없다. 지혜로운 자와 아둔한 자의 과실 역시 마찬가지다. 그러므로 한 사람이 범하는 과실을 보면 그를 평가할 수 있다.

열광적인 사람과 고지식한 사람
모두 쓰임이 있다

不得中行而與之, 必也狂狷乎.

狂者進取, 狷者有所不爲也.

중도를 행하는 사람을 얻어 함께할 수 없다면 반드시 열광적인 사람과 고지식한 사람과 더불어 함께할 것이다. 열광적인 사람은 진취적이고, 고지식한 사람은 절대로 안 하는 일이 없다.

〈자로편제십삼〉 중에서

열광적인 사람은 세상에 분개하며 글로써 악명을 떨치고 다른 이를 비방하는데, 교만이 하늘을 찌른다. 고지식한 사람은 자기연민과 자만심이 강하고, 신랄하고 매몰차며, 수수방관을 일삼고, 원리원칙대로 움직인다.

권력과 손잡지 않으려면 획일적인 사고에서 벗어나 각자의 쓰임을 인정하고 그들의 단점을 장점으로 활용할 줄 알아야 한다.

가장 피해야 할 부류는 위선으로 가득 차 탁상공론을 일삼고, 저속하기 짝이 없으며, 공명과 출세를 위해서라면 수단과 방법을 가리지 않는 자들이다.

편협한 마음을 버려라

射不主皮, 爲力不同科, 古之道也.

활쏘기가 가죽을 꿰뚫는 데 주력하지 않는 것은 사람마다 힘이 똑같지 않기 때문이다. 이것이 옛날의 궁도였다.

〈팔일편제삼〉 중에서

사람은 각자 다른 개성을 지니고 있다. 일 또한 각양각색이다.

따라서 단일한 표준과 단일한 가치 규범으로 모든 것을 평가하고 판단할 수 없다.

착한 사람 콤플렉스에서 벗어나라

군 자 유 삼 변
君子有三變:

망 지 엄 연   즉 지 야 온   청 기 언 야 려
望之儼然, 即之也溫, 聽其言也厲.

군자에게는 세 가지 변화가 있다. 멀리서 바라보면 엄숙하고, 가까이 다가가면 온화하고, 그의 말을 들어보면 명확하다.

〈자장편제십구〉 중에서

타고난 성향 자체가 정직하고 진지하고 온화해 보이는 것은 무골호인이어서가 아니다. 누군가가 그에게 다가오면, 그는 선심과 존중심으로 상대를 대하기 때문이다. 말이 엄격하고 매섭게 느껴지는 것은 그의 눈빛이 날카롭고, 의식이 깨어 있고, 통찰력이 뛰어나 온갖 종류의 저급한 수단을 정확히 꿰뚫어 보기 때문이다.

군자일수록 까다로운 일면을 가지고 있다. 지혜, 도덕과 율령, 앎의 경지는 상대방을 주눅 들게 만들곤 하는데, 소인배일수록 그 압박에서 벗어나지 못한다. 너무 높이 올라서면 소인배는 그런 압박을 느낄 수밖에 없다.

사람을 대하는 지혜를 배우라

<ruby>不<rt>불</rt></ruby><ruby>逆<rt>역</rt></ruby><ruby>詐<rt>사</rt></ruby>, <ruby>不<rt>불</rt></ruby><ruby>億<rt>억</rt></ruby><ruby>不<rt>불</rt></ruby><ruby>信<rt>신</rt></ruby>, <ruby>抑<rt>억</rt></ruby><ruby>亦<rt>역</rt></ruby><ruby>先<rt>선</rt></ruby><ruby>覺<rt>각</rt></ruby><ruby>者<rt>자</rt></ruby>, <ruby>是<rt>시</rt></ruby><ruby>賢<rt>현</rt></ruby><ruby>乎<rt>호</rt></ruby>!

나를 속일 것이라 미리 짐작하지 않고 나를 믿지 않을 것이라 억측하지 않지만, 그래도 미리 알아채는 사람이 현자로다.

〈헌문편제십사〉 중에서

다른 사람을 적대시하고, 늘 가장 나쁜 마음으로 다른 사람 생각하기를 꺼리지 않는 것은 무척이나 가슴 아프고 고통스러운 일이다.

그래서 선으로 사람을 대하고, 세상사를 꿰뚫어 보는 지혜가 필요하다.

함께하는 법을 배우라

年四十而見惡焉, 其終也已.

나이가 마흔이 되어서도 덕이 없어 남의 미움을 산다면 그 인생은 끝나고 말 것이다.

〈양화편제십칠〉 중에서

군자는 다른 사람의 마음을 사지 않고 자기편으로 끌어들이기 위해 전전긍긍할 필요가 없다. 그렇다고 해서 말과 행동으로 혐오감을 불러일으키고, 누군가를 욕하는 것을 자랑으로 여겨서는 안 된다.

젊을 때는 객기를 부리며 많은 사람의 미움을 사도 용서가 된다. 하지만 어떤 일에도 미혹되지 않는 마흔 살이 되어서도 여전히 사람들과 화합하는 기본적인 도리를 모른다면, 공자조차도 구제 불능이라고 느낄 것이다.

남을 존중할 때 자신도 존중할 수 있다

자 견 자 최 자　　면 의 상 자 여 고 자
子見齊衰者, 冕衣裳者與瞽者,

견 지　　수 소 필 작　과 지 필 추
見之, 雖少必作, 過之必趨.

공자께서는 상복 입은 사람과 관복 입은 사람, 장님을 보면 그가 비록 어린 사람일지라도 반드시 일어나셨고, 또 그 앞을 지나갈 때면 반드시 종종걸음을 하셨다.

〈자한편제구〉 중에서

특수한 상황에 부닥친 사람에게 특수한 대우를 하는 것은 자신뿐 아니라 타인을 배려하고 존중하는 것을 의미한다.

옆 사람을 존중할 줄 알아야 비로소 자신을 존중할 수 있다. 옆 사람의 처지, 그 어려움을 이해하고 존중할 줄 알기에 인생의 모든 면을 두루 살피며 이해하고 배려하는 것도 가능해지는 것이다. 이것이 바로 문명이다.

남을 배려할 때 세상도 살 만해진다

기 소 불 욕   물 시 어 인
己所不欲, 勿施於人.

자기가 하기 싫은 일은 남에게도 하게 해서는 안 된다.

〈안연편제십이〉 중에서

세상에는 골치 아픈 일들이 넘쳐난다. 그 과정에서 누구도 손해 입기를 원치 않지만 무심코 혹은 의도적으로 다른 사람에게 피해를 줄 수 있다.

억지로 억울한 일을 당하고 싶은 사람이란 없다. 그러나 자기중심적 사고, 지나친 권력욕을 가진 이라면 주변 사람을 억울한 상황으로 몰아가기도 한다.

누구나 옆 사람의 우쭐거리는 모습이나 까칠하고 이기적인 모습을 보고 싶어 하지 않는다. 그렇기에 자신은 절대 그렇지 않을 거라고 장담해서는 안 된다.

그런 의미에서 자기가 하고 싶은 일을 남에게 강요해서는 안 된다. 남을 배려할 줄 알아야 자신을 둘러싼 세상도 훨씬 살 만해진다.

조화로써 긍정에너지를 키워라

禮之用, 和爲貴.
예 지 용   화 위 귀

예의 쓰임은 조화를 귀히 여긴다.

〈학이편제일〉중에서

'웃으면 복이 온다', '누군가와 원한을 맺어서는 안 된 다'는 말에는 모두 조화로운 삶을 강조하는 의미가 담겨 있다. 조화로운 삶은 남의 아름다움을 이뤄주고, 남의 악을 조장하지 않는 군자의 삶과 일맥상통하며, 긍정에 너지의 원천이다.

크고 작은 일을 지나치거나 모자람 없이 실천하고, 세상 사람 모두가 조화를 이룰 수 있도록 해야 한다. 그렇게 한다면 예가 제대로 쓰인 것이다.

남을 돕는다는 것이 바로 도다

<ruby>師<rt>사</rt></ruby><ruby>冕<rt>면</rt></ruby><ruby>見<rt>현</rt></ruby>, <ruby>及<rt>급</rt></ruby><ruby>階<rt>계</rt></ruby>, <ruby>子<rt>자</rt></ruby><ruby>曰<rt>왈</rt></ruby>: "<ruby>階<rt>계</rt></ruby><ruby>也<rt>야</rt></ruby>."

師冕見, 及階, 子曰: "階也."

及席, 子曰: "席也."

皆坐, 子告之曰: "某在斯, 某在斯."

師冕出, 子張問曰: "與師言之道與?"

子曰: "然. 固相師之道也."

악사인 소경 면이 공자를 뵈러 왔다. 그가 층계에 이르니 공자께서 "층계요" 하시고, 그가 자리에 앉자 공자께서 "아무개는 여기 있고, 아무개는 여기 있소"라고 알려주셨다. 악사 면이 나간 뒤에 자장이 여쭈었다. "악사와 더불어 말씀하는 도리입니까?" 그러자 공자께서 "그렇다. 진실로 악사를 돕는 도리다"라고 답하셨다.

〈위령공편제십오〉 중에서

앞을 보지 못하는 이에게 그의 눈을 대신해 주변의 상황을 알려주는 것이 바로 도다.

타인이 가장 필요로 하는 걸 주는 것, 타인을 돕는 것, 수시로 진실을 말해주는 것. 이 모든 것이 바로 도다.

절대 쉽지 않은 '화이부동'의 길

君子和而不同.
<small>군 자 화 이 부 동</small>

군자는 화합하지만 부화뇌동하지 않는다.

〈자로편제십삼〉 중에서

　사리가 분명하고 예법과 질서를 중시하는 군자는 의견이 다르다고 해서 불화를 일으키지 않는다.

'화이부동'은 학식뿐 아니라 예제와 법제, 중용의 도, 사명감과 책임감이 뒷받침되어야 한다.

역지사지를 배우라

자 어 시 일 곡   즉 불 가
子於是日哭, 則不歌.

공자께서는 (상을 당한 사람이 있어) 이날에 곡을 하시면 노래를 부르지 않으셨다.

〈술이편제칠〉 중에서

마음속으로 이웃을 가족처럼 여기고 만물을 나와 더불어 존재하는 대상으로 바라보며, 상을 당하거나 불행한 일을 겪은 사람을 동정하는 것이 측은지심, 즉 인심(仁心)이다.

측은지심은 사람됨의 기본으로, 다른 사람의 입장이 되어 생각할 줄 아는 역지사지야말로 나와 주변 사람들의 마음을 이어주는 연결고리다. 이런 인덕과 인심을 갖출 때 비로소 사람의 마음을 움직이고 얻을 수 있다.

이중 잣대로 사람을 대해서는 안 된다

雖之夷狄, 不可棄也.
수 지 이 적　불 가 기 야

비록 이적의 나라에 가더라도 버려서는 안 된다.

〈자로편제십삼〉 중에서

공자는 처신을 공손히 하고, 일 처리를 신중하게 하며, 사람 대할 때 충심을 다해야 하는데, 이런 태도는 이적(오랑캐)의 나라에 가더라도 버려서는 안 된다고 했다. 이 말처럼 먼 나라의 문화가 다르다고 해서 이런 원칙을 버린 채 이중 잣대로 그 문화와 사람을 평가하고 깎아내려서는 안 된다.

우리에게는 자신에게 익숙한 세상과 사람을 기준으로 삼고, 부정적인 시각으로 주변을 평가하고 배척하는 나쁜 습성이 있다. 공자는 바로 이러한 이중 잣대를 지적하며 늘 한결같은 원칙과 태도로 사람을 대하고 존중할 것을 강조했다.

내가 원하지 않는 일을 남에게 강요하지 말라

아 불 욕 인 지 가 저 아 야　　오 역 욕 무 가 저 인
我不欲人之加諸我也, 吾亦欲無加諸人.

남이 저에게 행하기를 원치 않는 일이라면 저도 남에게 행하기를 원치 않습니다.

〈공야장편제오〉 중에서

'己所不欲(기소불욕), 勿施於人(물시어인)'이라는 옛
말처럼, 내가 하기 싫은 일은 남에게도 시켜서는 안 된다.
이 말은 아주 간단한 이치처럼 보이지만, 막상 실천하자
면 말처럼 쉽지 않다.

누군가에게 강요당하는 것이 아주 불쾌한 경험이라는
데 이의를 제기할 사람은 그리 많지 않다. 반대로 권력,
실력, 영향력을 앞세워 자기 뜻을 이루고자 타인에게 어
떤 일을 강요하는 사람은 그 과정에서 쾌감과 더불어 성
취감까지 느낀다.

이것만 봐도 자신의 처지를 미루어 다른 사람의 형편을
헤아리고 역지사지하는 것이 말처럼 쉽지 않음을 알 수
있다.

어리석은 이를 대하는 올바른 태도

臧文仲居蔡, 山節藻梲, 何如其知也?
장문중거채 산절조절 하여기지야

장문중이 집에 점을 치는 큰 거북을 모셔두고 기둥 윗머리에는 산을 새기고, 동자 기둥에 물풀 무늬를 그렸으니 어떻게 그가 지혜로운 사람이라고 하겠는가?

〈공야장편제오〉 중에서

똑똑한 사람은 어리석은 사람을 쫓아 부화뇌동하지 않고, 그들과 비슷한 수준의 생각으로 핏대를 올리며 논쟁을 벌이지도 않는다.

똑똑하고 지혜로운 사람은 어리석은 사람이 멍청하고 망령된 짓을 벌이고 있을 때 어떻게 해야 할까? 어리석은 이의 생각과 행동이 심각한 상황을 초래하기 전에 그의 아둔함과 법도와 예에 어긋나는 행동에 경종을 울릴 줄 알아야 한다. 이것이야말로 똑똑한 사람이 어리석은 이를 대하는 올바른 태도다.

은덕으로 원한 갚기

이 덕 보 원
以德報怨.

덕으로 원한을 갚는다.

〈헌문편제십사〉 중에서

때때로 다른 사람이 시기와 질투 때문에 아주 작은 악의를 드러내더라도 그런 말과 행동에 휘둘리지 않고 심지어 필요할 때 도움의 손길을 내밀 수 있어야 한다.

이것은 개인적 인간관계의 범주를 뛰어넘어 대의를 논할 때도 마찬가지다. 그 일례로, 조(趙)나라 재상 인상여(藺相如)는 대의를 위해 그를 원수처럼 대하던 무장 염파(廉頗)를 덕으로 대했다.

상처받아도 웃어넘기는 군자의 도량

인 부 지 이 불 온
人不知而不慍.

다른 사람이 나를 알아주지 않아도 화를 내지 않는다.

〈학이편제일〉중에서

화를 잘 내는 사람은 군자가 아닌, 소인이다. 감정의 대립, 오해, 상처 앞에서 대범하게 화를 내지 않고 그 상황을 웃어넘길 수 있다면 진정한 군자 아닐까?

보통 사람이라면 천 리에 어긋나는 일, 특히 자신에게 상처를 주는 기막힌 일을 당하거나 말을 들었을 때 화를 내지 않고 참아 넘기기란 힘들다. 그러나 군자는 설사 괜한 오해로 말미암아 상처받았다 해도 화를 내지 않고 웃어넘길 줄 안다. 이런 사람이 바로 진정한 군자라고 할 수 있다.

좋은 사람이 된 것만으로도 성공한 인생이다

구 인 이 득 인   우 하 원
求仁而得仁, 又何怨?

원래 얻고자 노력했던 인을 얻었거늘 더 이상 무엇을 또 원망하겠는가?

〈술이편제칠〉중에서

진정으로 어진 사람은 인을 구하여 인을 얻은 자라고 할 수 있다.

인을 구하고자 하는 목적은 인을 얻어 그 기준을 세우는 것일 뿐 실리, 지위, 무사안일을 누리고자 하는 것이 아니다. 그러므로 인을 위해 자신을 희생하는 사람은 원망이나 불평을 하지 않는다. 그들은 인을 구하여 인을 얻은 승리자다.

四章

자기 발전을 위해 배운다

배움은 내적 욕구의 충족 과정이다

古之學者爲己, 今之學者爲人.

옛날에는 학자가 자신을 위해 공부했다면, 지금 시대의 학자는 남의 이목과 요구에 영합하기 위해 공부한다.

〈헌문편제십사〉 중에서

배움은 마음을 참되게 하는 것으로, 배우는 자의 내적 욕구를 채워 그 내용이 마음과 영혼으로 들어가도록 해야 한다. 왼쪽 귀로 들어가 오른쪽 귀로 나오고, 점수와 진학과 허세 등 겉으로 드러나는 것만을 채우기 위해 공부하는 것은 올바른 인격을 갖추고 내면을 충실하게 만드는 데 실질적 도움이 되지 않으니 가짜 배움이다.

배움에 대한 진심과 흥미에서 시작하는 것이 아니라 어쩔 수 없이 의무적, 기계적으로 보여주기 식의 공부를 한다면 학습 질을 떨어뜨릴뿐더러 당연히 좋은 효과를 거둘 수 없다.

누구도 넘볼 수 없는 재능과 학식 갖추기

師^사與^여商^상也^야孰^숙賢^현?

師與商也孰賢?

자장(子張)과 자하(子夏) 중 누가 더 낫습니까?

〈선진편제십일〉중에서

어휘의 조합과 말재주만으로는 재능과 학식을 드러내
기에 턱없이 모자라다.

누군가를 가르치고자 한다면 말재주뿐 아니라 진정한
재능과 견실한 학식, 확고한 견해, 직언할 용기, 책임감,
도전과 시련을 견뎌낼 자신감이 있어야 한다.

학습으로 드러나는 인격

회 야 문 일 이 지 십　사 야 문 일 이 지 이
回也聞一以知十, 賜也聞一以知二.

안회는 하나를 들으면 열을 알고, 저는 하나를 들으면 둘을 압니다.

〈공야장편제오〉 중에서

배우기를 좋아하고, 배움에 능통하며, 하나를 들으면 열을 아는 것은 두뇌뿐 아니라 인격의 문제와도 연결되어 있다.

배우기를 좋아하면 적어도 그 사람이 겸허한 마음가짐으로 더 나아지기 위해 노력하고, 인과 덕과 도를 한마음으로 추구하며 하찮은 이익에 절대 연연하지 않을 수 있다.

배움에 능하면 독선적이거나 아집에 사로잡혀 제자리걸음을 하지 않고 지식의 폭을 넓히며 시대에 뒤처지지 않는다.

명석하면 일의 경중과 완급을 조절해 저속한 공리와 득실에 넘어가지 않고 감정에 치우치지 않게 이성적 태도로 일을 처리할 수 있다. 사리에 밝으면 포용력이 생기고 시야가 넓어져 선입견 없이 세상을 볼 수 있다.

배움을 좋아하는 사람은 대적할 수 없다

포식종일　무소용심　난의재
飽食終日, 無所用心, 難矣哉!

불유박혁자호　위지　유현호이
不有博弈者乎? 爲之, 猶賢乎已.

배부르게 먹고 온종일 마음 쓰는 데 없이 산다면 곤란하도다! 장기나 바둑도 있지
않은가? 그런 거라도 하는 게 아무 일도 하지 않는 것보다 낫다.

〈양화편제십칠〉 중에서

누구나 주류에서 밀려나거나 소외되고, 찬밥 신세로
전락하는 시련을 겪을 수 있다.

따라서 우리는 혼자 남겨졌을 때를 대비하여 그 시간을
가장 잘 보낼 방법을 배워야 한다. 이런 시련이 닥쳤을
때 가장 좋은 방법은 장기나 바둑을 두는 것보다 독서하
고 공부하는 것이다.

배움을 좋아한다는 말에 담긴 이중적 의미

유 안 회 자 호 학
有顔回者好學.

안회라는 자가 배움을 좋아한다.

〈옹야편제육〉중에서

꿰

'배움을 좋아한다'는 말에는 제대로 배운다는 뜻이 내
포되어 있다.

무엇을 배우든 좋은 사람이 되고, 올바른 길을 가고, 바
른 생각을 확립하고, 좋은 일을 하는 것이 우선되어야 한
다. 배움을 좋아하는 것은 제대로 배우는 데 그 의의가
있다.

자신의 무지를 인정하라

입 태 묘　매 사 문
入太廟, 每事問.

태묘(주공의 신주를 모신 곳)에 들어가 일마다 물으셨다.

〈팔일편제삼〉 중에서

자신이 모르거나 잘못 알고 있는 것을 인정하고 그 맹점을 없애려면, 책을 읽는 것뿐 아니라 겸허한 마음으로 질문을 많이 해야 한다.

모르면서 자기 생각만 옳다 고집하고 안다 착각하면서 가르침을 청하지 않는 사람을 상대로 교양과 예의를 논할 수 없다.

강한 믿음을 주고 자신을 더 빛나게 하는 방법

知之爲知之, 不知爲不知, 是知也.

아는 것을 안다고 하고, 모르는 것을 모른다고 하는 게 바로 아는 것이다.

〈위정편제이〉 중에서

많은 사람이 모르는 것을 억지로 아는 체하고 허풍을 떨며 자신의 '무지'를 포장하려 한다. 잘난 체하며 거드름 피우는 유명인사, 옛것을 배우고도 완전히 소화하지 못하거나 무조건 외국의 경험과 방법을 답습하는 학자 중 자신의 무지를 인정하는 이가 과연 몇이나 되겠는가? 무지를 인정하는 것이야말로 굳건한 신뢰를 다지고 자신을 더 빛나게 해줄 마음가짐이다.

진정으로 배움을 좋아하는 사람이 되어라

<ruby>十<rt>십</rt></ruby><ruby>室<rt>실</rt></ruby><ruby>之<rt>지</rt></ruby><ruby>邑<rt>읍</rt></ruby>, <ruby>必<rt>필</rt></ruby><ruby>有<rt>유</rt></ruby><ruby>忠<rt>충</rt></ruby><ruby>信<rt>신</rt></ruby><ruby>如<rt>여</rt></ruby><ruby>丘<rt>구</rt></ruby><ruby>者<rt>자</rt></ruby><ruby>焉<rt>언</rt></ruby>,

<ruby>不<rt>불</rt></ruby><ruby>如<rt>여</rt></ruby><ruby>丘<rt>구</rt></ruby><ruby>之<rt>지</rt></ruby><ruby>好<rt>호</rt></ruby><ruby>學<rt>학</rt></ruby><ruby>也<rt>야</rt></ruby>.

열 집이 사는 작은 마을에도 나처럼 충성스럽고 믿음직스러운 사람이 반드시 있 겠지만, 그들 중 나처럼 배움을 좋아하고 정진하는 사람은 없을 것이다.

〈공야장편제오〉 중에서

배움을 좋아하는 것은 타고난 천성과 양심을 지식과 교양의 수준으로 끌어올리는 것과 같다.

배움에 능하지 않고, 그 배움을 자기 것으로 체화하지 못 하고, 학문을 인격으로 승화할 수 없는 사람은 배움을 좋 아한다고 할 수 없다.

자기 과시에만 집착하는 부류, 사고방식이 고루하고 진 부한 부류, 탁상공론에 능한 부류, 얕은 지식으로 입만 열면 문자를 쓰는 부류 등은 배움을 좋아하는 자들이 아 니다.

자신감과 탁 트인 사고로 무장하라

오 불 시   고 예
吾不試, 故藝.

나는 등용되지 못해서 기예에 능했다.

〈자한편제구〉 중에서

설령 작은 일을 성취하는 것일지라도 새로운 지식과 기능 배우기를 소홀히 하지 말아야 한다. 그래야만 적어도 자신과 남을 도울 수 있고, 자신감과 탁 트인 사고로 자신을 더 강하게 만들 수 있다.

다만, 어중간한 지식과 배움으로 어디에도 그 쓰임이 닿지 않는 일은 없도록 해야 한다.

혁신과 발전을 위한 온고지신

<ruby>溫<rt>온</rt>故<rt>고</rt>而<rt>이</rt>知<rt>지</rt>新<rt>신</rt></ruby>, <ruby>可<rt>가</rt>以<rt>이</rt>爲<rt>위</rt>師<rt>사</rt>矣<rt>의</rt></ruby>.

옛것을 익히고 새로운 것을 알면 다른 이의 스승이 될 수 있다.

〈위정편제이〉 중에서

일반 학자들은 자료를 손에 넣고, 옛 종이 더미 속으로 파고 들어가는 것에 치중하며, 이거야말로 옛것을 알기 위한 노력이라고 말한다. 하지만 옛것을 아는 옛 종이 더미 속으로 파고 들어가는 '온고' 자체의 진짜 목적이 단지 그 종이에 담긴 뜻과 지식을 알아내는 것에 그쳐서는 안 된다. 그 핵심은 옛것을 통해 새것을 알아내고, 흐름을 파악하고 미래를 예측하는 일이다.

책을 읽는 것뿐 아니라 그 안에서 세상살이의 이치를 간파할 수 있어야 한다. 지식도 중요하지만 그 속에 지혜와 사상, 판단을 담을 줄 알아야 한다. 지식과 학문을 갖춘 사람은 많을지 몰라도 지혜와 사상, 올바른 판단력을 갖춘 진취적이고 혁신적인 인물은 그리 많지 않다.

세상 만물이 모두 나의 스승이다

^{삼 인 행} ^{필 유 아 사 언}
三人行, 必有我師焉.

^{택 기 선 자 이 종 지} ^{기 불 선 자 이 개 지}
擇其善者而從之, 其不善者而改之.

세 사람이 길을 가면 그 안에 반드시 내 스승이 될 만한 인물이 있다. 그중 선한 것
을 가려서 따르고, 선하지 못한 게 있으면 그것을 거울삼아 자신의 잘못을 고쳐야
한다.

〈술이편제칠〉 중에서

책을 스승으로 삼는 것도 좋지만 사람을 스승으로 삼는
것이 한 수 위이다. 또한 선한 사람을 스승으로 삼는 것
도 좋지만 선하지 않은 사람을 거울로 삼는 것은 특히나
더 어렵다.

세상이 가장 큰 스승이고, 생활이 가장 현실적인 스승이
고, 우리 주위의 모든 사람이 가장 가까운 스승이다. 이
런 마음가짐으로 배움을 바라보아야 비로소 진정한 배
움의 길로 나아갈 수 있다.

자신만의 로드맵 그리기

不踐跡, 亦不入於室.

성현의 가르침과 행적을 따르지 못하면 궁극적인 도에 이르지 못한다.

〈선진편제십일〉 중에서

사람마다 쓸모 있는 인물이 되는 길은 제각각이다. 어떤 사람은 지난한 과정을 인내하며 목표를 이루고, 어떤 사람은 포부와 지혜의 끈을 잡고 꿈을 이룬다. 어떤 사람은 고생을 감내하며 자신의 분수를 지키는 데 치중하고, 어떤 사람은 뛰어난 재주와 원대한 지략으로 비바람을 휘몰아치게 하고, 어떤 사람은 대담하고 걸출하며, 어떤 사람은 후덕한 마음으로 만물의 조화를 이끌고, 어떤 사람은 막중한 책임을 짊어진다.

'나를 배우려는 자는 살고, 나를 베끼려는 자는 죽는다.' 제나라 백석 노인의 그림에 관한 이치는 사람됨의 이치와도 상통한다.

타인을 무조건 모방하려 해서는 안 된다. 한 사람의 개성

과 특징을 억지로 따라 하려고만 하면 자신만의 색을 잃
는다. 그러므로 자신만의 로드맵에 따라 자신의 목표와
특색을 유지하며 타인의 장점을 습득할 줄 알아야 한다.

잘못된 배움의 길

묘 이 불 수 자 유 의 부   수 이 불 실 자 유 의 부
苗而不秀者有矣夫. 秀而不實者有矣夫.

싹만 트고 꽃이 피지 않는 것이 있고, 꽃이 피었어도 결실을 보지 못하는 것이 있다.

〈자한편제구〉 중에서

어떤 이는 암기에 능하여 외운 것을 술술 말할 줄 알지만, 그걸 자기 것으로 체득하지 못하니 발전이 없다. 어떤 이는 폭넓은 자료를 인용해 지식을 증명하고 호언장담만 할 뿐 깊이와 깨달음이 없다. 어떤 이는 널리 사물을 보고 들어 잘 기억하는 것에 그치지 않고 문장으로 이론을 세우는 수준에 도달하지만, 자신만의 체계와 논리가 없어 판단은 물론 취사선택에 약할뿐더러 나아가 혁신적인 이론으로 확장하지 못한다.

싹만 트고 꽃이 피지 않든, 꽃이 피어도 결실을 보지 못하든, 누구에게나 발전의 여지와 가능성은 있다. 다만, 발전을 위해 착실하고 꾸준한 배움의 자세가 없을 뿐이다.

좋은 스승을 찾아라

오상종일불식 종야불침이사 무익 불여학야
吾嘗終日不食, 終夜不寢以思, 無益, 不如學也.

내가 일찍이 종일토록 먹지 않고 밤새 자지 않고 생각해본 적 있었으나 얻은 게 아무것도 없었으니 현자와 책을 통해 공부하는 일만 못했다.

〈위령공편제십오〉 중에서

자신과 힘겨루기하며 터무니없는 생각을 하느라 신경이 곤두서 있는 것보다 차라리 자신의 무지를 인정하고 기존의 지식을 찾아보거나 스승께 배움을 청하는 게 낫다. 누구나 한 번쯤 아집에 빠져 혼자 답을 구하다 지쳐 이런 결론에 도달한 경험이 있을 것이다.

뛰어난 사람을 보면 그를 본보기로 삼으려 노력하고, 겸허한 마음으로 배움을 즐길 줄 아는 길을 걸어야 한다. 그래야만 적어도 유익한 정보와 지식을 쌓고 정신적 영양분을 섭취할 수 있다. 또한 외골수처럼 자신을 괴롭히는 대신 나보다 나은 사람의 가르침과 전문 정보를 통해 공허함과 당혹감을 해소하고 올바른 지식의 공간을 넓힐 수 있다.

바라기보다 행동하는 편이 낫다

역 부 족 자 중 도 이 폐　금 여 획
力不足者中道而廢, 今女畫.

힘이 부족한 사람은 중간에 멈추는 법인데, 너는 해보지도 않고 네 한계선을 미리 긋고 있구나.

〈옹야편제육〉 중에서

바라기만 해서는 아무것도 이룰 수 없다. 물고기를 잡고자 한다면 바라기만 하지 말고 실제로 그물을 만들어 강에 가 잡으려 노력해야 한다.

적어도 먼저 시작은 해보고 나서 그 결과를 논하는 것이 순서 아닐까? 해보기도 전에 안된다고 선부터 긋는다면 절대 원하는 결과를 얻을 수 없다.

압박감과 절박함의 이중주

學如不及, 猶恐失之.

배울 때는 늘 따라잡지 못할 것을 걱정하며 꾸준히 하고, 오히려 배운 것을 잃을까
봐 두려워하라.

〈태백편제팔〉 중에서

배울 때는 굶주리고 목마른 것처럼 달려들고, 더 심오
한 차원으로 들어가기 위해 노력하고, 배움에 대해 수준
높은 잣대를 적용해야 한다.

옛말에 '배우고 또 익히면 어찌 기쁘지 아니하겠는가?'
라고 했다. 하지만 여기서 그치면 안 된다. 배움은 압박
감과 절박감이 뒷받침되어야 한다. 어떤 일이든 기초만
닦는 것이 아니라 그 위에 집을 짓듯 학문의 수준을 높이
고 결과물을 만들어내야 한다. 어느 정도의 압박감과 절
박감이 없다면 과연 그 과정을 이어가며 발전할 수 있겠
는가?

배움을 이어가고자 한다면 영원히 자신에게 너그러워서
는 안 되며, 엄격한 요구와 잣대가 필요하다.

지금 시대의 사람을 탓할 필요 없다

子路問成人.

子曰: "若臧武仲之知, 公綽之不欲,

卞莊子之勇, 冉求之藝,

文之以禮樂, 亦可以爲成人矣."

曰: "今之成人者, 何必然?

見利思義, 見危授命,

久要不忘平生之言, 亦可以爲成人矣."

자로가 성인에 대해 묻자 공자께서 말씀하셨다. "장무중의 지혜와 공작의 탐욕스럽지 않음과 변장자의 용감함과 염구의 재주와 더불어 예악으로 자신을 꾸민다면 또한 성인이라고 할 수 있네." 공자께서 또 말씀하셨다. "지금의 성인은 꼭 그렇게까지 할 필요가 있겠는가? 이익을 보면 도의를 생각하고, 위태로움을 보면 목숨을 바치고, 시간이 오래 지나도 옛 약속을 잊지 않는다면 이 또한 성인이라고 할 수 있네."

〈헌문편제십사〉 중에서

남송(南宋)의 무장 악비(岳飛)를 숭배하듯이 지금의 장교들을 숭배할 수 없고, 북송의 시인 소식(蘇軾)에 매료되듯이 지금의 저자들에게 빠져들 수 없다. 서지마(徐志摩, 중국 시인)의 스캔들이 미담으로 떠오르고 있지만, 그것이 오늘날의 어떤 시인 이야기라면 그의 평판이 바닥을 쳤을 것이다.

옛 시대의 인재는 시간의 여과를 거치고 역사적 세탁을 거친 탓에 순화되어 거리감과 더불어 나와 상관없는 이상적인 느낌을 주며, 현실적인 비교 대상이 되지 않는다. 하지만 동시대를 사는 사람이라면 이야기가 완전히 달라진다. 그와의 사이에 거리감이 없고, 현실적 비교가 가능하며, 모든 문제점이 여과 없이 드러난다. 따라서 그의 문제에 각종 이해관계가 얽히고 시기와 질투가 섞여 논쟁이 커질 수밖에 없다.

죽기 살기로 매달리며 힘겨루기를 하지 말라

색 사 거 의　　상 이 후 집
色斯舉矣, 翔而後集.

왈　　산 량 자 치　　시 재 시 재
曰: "山樑雌雉, 時哉時哉!"

자 로 공 지　　삼 후 이 작
子路共之, 三嗅而作.

꿩이 자로의 나쁜 얼굴빛을 보고 날아올라 빙빙 돈 뒤 다시 내려앉았다. 공자께서 이를 보고 말씀하셨다. "산 다리의 암꿩이 때를 잘 타는구나, 때를 잘 타!" 자로가 꿩을 잡아바쳤더니, 세 번 냄새를 맡고는 일어나셨다.

〈향당편제십〉 중에서

동서고금의 책을 읽다 보면 아무리 고심하고 이리저리 자료를 찾아봐도 그 뜻을 제대로 알 수 없는 부분이 꼭 생긴다. 이럴 때는 어떻게 해야 할까?

절대 옹졸하게 죽기 살기로 덤비며 힘겨루기를 하지 말아야 한다. 그 책을 정말 좋아한다면 가능한 한 가장 멋지게 마음을 사로잡는 부분을 찾아내 그것을 해석하고, 보충하고, 몰랐던 부분을 찾아내고, 색을 칠하며 상상의 나래를 펼쳐보자.

책 속 세상을 새롭게 창조하면서 그 아름다운 공간 속에서 기쁨을 느끼면 된다. 잘 아는 부분은 완벽하게 논리적인 모습을 갖출 것이고, 잘 모르는 부분은 그 속을 구성하는 아름다운 광경의 한 부분으로 남겨두면 된다.

주동적인 배움과 수동적인 배움

곤 이 학 지
困而學之.

곤란을 겪은 후에 배워서 알다.

〈계씨편제십육〉 중에서

배움은 주동적인 배움과 수동적인 배움으로 나뉜다. 주동적인 배움은 지식 체계를 배우고, 전면적인 교육 과정을 받아들이는 것이다. 그렇게 기초를 다지고 토양을 비옥하게 가꿔 인생을 직시할 지적 능력을 키우는 것이다.

반면에 수동적인 배움은 어떤 일이 닥쳐서야 벼락치기하듯 준비한다. 마음이 다급해지니 이것저것 가릴 여유조차 없이 그 상황만 잘 모면하고자 애를 쓰느라 정신이 없다. 이런 배움은 모래사장 위에 집을 짓는 것과 같다.

마음을 한곳에만 쏟는 힘의 중요성

자 불 어 괴 력 란 신
子不語怪力亂神.

공자께서는 기괴한 일, 초인적 힘, 난세에나 일어날 법한 현상들, 초자연적인 일에 관해 한 번도 말씀하신 적이 없다.

〈술이편제칠〉 중에서

배움을 위해 정력(定力)은 매우 중요하다. 황당한 궤변, 기이한 일, 정도를 벗어난 종교, 점괘, 귀신 등과 같은 어지러운 생각에 현혹되지 않고 마음을 한곳에 집중하는 힘이 바로 정력이다.

인터넷 세상에는 황당하고 무의미한 정보들로 가득하다. 이런 것들에 사로잡혀 헤어나지 못한다면 올바른 배움에 집중하는 힘이 분산될뿐더러 제대로 된 배움은 요원해진다.

개방적 사고를 하라

攻乎異端, 斯害也已.

이단을 공격, 비판하는 것은 해가 될 뿐이다.

〈위정편제이〉 중에서

옛 서적을 읽든 최신 서적을 읽든 어떤 단락에 대해 여러 생각이 엉켜서 이를 통일시키기 어려울 때가 있다. 이럴 때 불안해할 필요는 없다. 언어의 다의성이 도리어 유연한 사고를 가능하게 만들어주기 때문이다.

예를 들어 '공호이단(攻乎異端)'은 몇 가지 뜻으로 해석될 수 있고 모두 이치에 맞는다. 결국 구체적 상황과 구체적 분석을 거쳐 누가 이단에 대한 일괄 처리 원칙을 세울 수 있을지 더 궁금해진다.

새로운 지식을 배우고 복습하라

_{일 지 기 소 망} _{월 무 망 기 소 능}
日知其所亡, 月無忘其所能,

_{가 위 호 학 야 이 의}
可謂好學也已矣.

날마다 내가 알지 못한 것을 깨닫고, 달마다 내가 닦은 능력을 잊지 않는다면 배움을 좋아하는 사람이라고 할 수 있다.

〈자장편제십구〉 중에서

매일 새로운 지식을 조금씩 배우고, 매달 그것을 조금씩 복습해 잊지 않도록 해야 한다. 배움도 중요하지만 그것을 곱씹으며 확실히 자기 것으로 만드는 일 또한 중요하다.

이렇게 하는 사람만이 모르는 것이 없고, 하지 못하는 것이 없게 된다. 반대로 허풍만 치며 학습과 반복의 과정을 거치지 않은 사람은 눈 깜짝할 사이에 모든 것을 잊어버리고, 배움을 통해 아무것도 얻을 수 없다.

노력이 쌓이면 기적이 된다

석 호   오 견 기 진 야   미 견 기 지 야
惜乎! 吾見其進也, 未見其止也.

(안회의 죽음이) 애석하도다! 나는 그가 끊임없이 발전하는 것만 보았지, 그가 멈춰서는 것을 보지 못하였노라.

〈자한편제구〉 중에서

세상에는 두 부류의 사람이 있다.

한 부류는 몇십 년 동안 제자리를 맴돌며 지난 시절에서 벗어나지 못하고, 늘 허풍만 떨며 불평불만에 휩싸여 있다. 이런 사람들은 재능을 펼칠 기회를 영원히 얻을 수 없다.

또 한 부류는 매일 새로운 마음가짐으로 정진하며, 생이 끝날 때까지 배움의 끈을 놓지 않는다. 이런 부류의 사람이 하루하루 공들인 노력은 시간이 쌓일수록 기적을 만들어낸다.

모든 것을 다 잘할 수 없다

오유지호재 무지야
吾有知乎哉? 無知也.

내가 아는 것이 있느냐? 나는 아는 것이 없다.

〈자한편제구〉 중에서

만사에 능통할 정도로 만능인 사람은 없다.

공자 또한 마찬가지였다. 그는 자신 역시 아는 것이 별로 없지만 비천한 사람이라도 나에게 질문을 하면 그것이 멍청한 질문일지라도 양단의 논리로 납득할 수 있도록 성의를 다해 말해줄 뿐이며, 그래서 자신이 좀 더 아는 것처럼 보이는 거라고 했다.

공자 같은 성인도 그러했거늘, 한 분야의 대가일지라도 "나는 모르는 것이 없다"고 자처해서는 안 된다.

배우고 생각하라

학 이 불 사 즉 망　　사 이 불 학 즉 태
學而不思則罔, 思而不學則殆.

배우기만 하고 생각하지 않으면 갈피를 잡지 못하고, 생각만 하고 배우지 않으면
위태롭다.

〈위정편제이〉 중에서

생각만 하고 배우지 않는 학문의 길은 상당히 예술적
이다. 이것은 마음의 파도와 조바심에만 의지한 채 생각
을 지지고 볶으며 진리를 탐구한다. 이런 방법을 사용하
는 대다수 사람은 아무것도 이루지 못한 채 막연한 집착
과 혼란 속에서 헤어나지 못한다.

배우기만 하고 생각하지 않는 것도 좋은 방법이 아니다.
인터넷 정보에만 의존하는 사람은 배우기만 할 뿐 생각
하지 않는 헛똑똑이다. 그들은 얄은 정보로 지식을 대체
하고, 지식 대신 재미를 추구하고, 남의 말에 부화뇌동하
며 그것이 자신의 판단과 책임을 대신하도록 한다.

고로 우리는 지식 탐구 과정에서 멍청해짐과 위태로움
을 경계해야 한다.

지식의 다양성을 간파하라

자 로 유 문　미 지 능 행　유 공 유 문
子路有聞, 未之能行, 唯恐有聞.

자로는 좋은 가르침을 듣고 그 가르침을 미처 실행하지 못했다면 행여 또 다른 가르침을 들을까 봐 두려워하였다.

〈공야장편제오〉 중에서

실생활에서 학문은 다양성을 갖는다. 이를테면 실용적인 학문, 규범에 얽매인 학문, 참고용 학문, 지적 유희를 위한 학문, 우주관·인생관·마음의 평정 등을 다루는 형이상학적 학문 등으로 말이다.

이런 학문에 모두 능통하려고 해서는 안 된다. 물론 너무 많은 정보를 접하고 듣는 것에 대해 두려움을 가질 필요는 없다. 자신이 잘 가려서 배울 수 있다면, 보고 듣고 생각할 수 있는 정보의 양은 많을수록 좋다.

지식보다 중요한 것은 직감이다

<ruby>樂<rt>악</rt></ruby><ruby>其<rt>기</rt></ruby><ruby>可<rt>가</rt></ruby><ruby>知<rt>지</rt></ruby><ruby>也<rt>야</rt></ruby>: <ruby>始<rt>시</rt></ruby><ruby>作<rt>작</rt></ruby>, <ruby>翕<rt>흡</rt></ruby><ruby>如<rt>여</rt></ruby><ruby>也<rt>야</rt></ruby>.

<ruby>從<rt>종</rt></ruby><ruby>之<rt>지</rt></ruby>, <ruby>純<rt>순</rt></ruby><ruby>如<rt>여</rt></ruby><ruby>也<rt>야</rt></ruby>, <ruby>皦<rt>교</rt></ruby><ruby>如<rt>여</rt></ruby><ruby>也<rt>야</rt></ruby>, <ruby>繹<rt>역</rt></ruby><ruby>如<rt>여</rt></ruby><ruby>也<rt>야</rt></ruby>, <ruby>以<rt>이</rt></ruby><ruby>成<rt>성</rt></ruby>.

음악은 배울 만한 것이다. 처음 시작할 때는 여러 악기의 소리가 합해지고, 이어서 소리가 풀려 나오면서 순수하게 조화를 이루고, 음이 분명해지면서 끊임없이 이어져 한 곡이 완성된다.

〈팔일편제삼〉 중에서

음악을 안다는 것은 주로 감상과 감동으로 표현된다. 즉, 음악은 직관에서 시작하여 감정과 심미에 이르는 분야다.

물론 음악 관련 지식도 중요하다. 다만 작곡자·연주자·배경·창작 동기·환경·영향력·연주 목적 등을 모르더라도 음악에 심취하고 깨달음을 얻을 수 있다면, 이것이야말로 최고의 지음(知音)인 셈이다.

부지런히 찾아 배우는 것이 가장 중요하다

아 비 생 이 지 지 자　 호 고　 민 이 구 지 지 야
我非生而知之者, 好古, 敏以求之者也.

나는 태어나면서부터 도를 저절로 알게 된 것이 아니며, 옛것을 좋아하여 부지런히 찾고 배워서 알게 되었다.

〈술이편제칠〉 중에서

엄밀히 말해서 배움은 이미 있거나 오래된 것, 혹은 옛것으로 변해가는 지식과 학문을 배우는 일이다.

배운 만큼 자기 것으로 온전히 소화한다면, 실생활 속에서 혁신과 창조를 이끌어낼 수 있다.

선택과 포기를 배우라

절 문 이 근 사
切問而近思.

절실한 심정으로 묻고, 닥친 문제를 그때그때 생각하라.

〈자장편제십구〉중에서

겸손하게 가르침을 구하고 열정적으로 배움을 갈구하는 사람은 여러 장점을 가지고 있지만, 동시에 단점도 가지게 마련이다. 그 대표적인 것이 여기저기서 주워들은 말을 쉬이 받아들인다는 점이다. 그러다 보니 자질구레하고 단편적인 지식이 잡화점 수준으로 넘쳐난다.

이런 사람일수록 닥친 문제를 그때그때 생각하며 옳고 그름을 가려야 한다. 이로써 그 이치를 분명히 밝혀 선택과 포기를 할 수 있도록 노력해야 한다.

배움을 나누는 기쁨

묵 이 지 지   학 이 불 염   회 인 불 권   하 유 어 아 재
默而識之, 學而不厭, 誨人不倦, 何有於我哉?

묵묵히 마음에 새겨두고, 배움을 싫증 내지 않으며, 남 가르치기를 게을리하지 않는 것, 이 중에 무엇이 나에게 있겠는가?

〈술이편제칠〉중에서

'배움을 마음속에 새겨두고, 배움을 싫증 내지 않고,
남 가르치기를 게을리하지 않는다'는 말 안에는 배움에
서 비롯된 나눔의 정신이 담겨 있다.
나눔은 곧 타인과의 교류로 이어진다.

자신을 정확히 아는 것도 배움이 필요하다

小_소人_인之_지過_과也_야必_필文_문.

小人之過也必文.

소인들은 잘못을 저지르면 반드시 꾸미고 인정하지 않는다.

〈자장편제십구〉 중에서

자기 잘못을 숨기지 않는 것은 결코 쉬운 일이 아니다.
제대로 된 학습을 통해 훈련하지 않으면, '타인의 비판을
겸허히 받아들이고 자아비판을 거쳐 자기 조절을 통해
문제점을 해결하는 일'을 할 수 없다.

배움은 인생의 첫걸음일 뿐이다

군자박학어문   약지이례   역가이불반의부
君子博學於文, 約之以禮, 亦可以弗畔矣夫!

군자가 학문을 폭넓게 구하고, 예법으로 자신을 단속한다면 비로소 도를 어기지 않게 될 것이다!

〈옹야편제육〉 중에서

첫째, 배워야 한다. 우매하고 무지한 사람은 폭력과 공포처럼 상식에 어긋나다 못해 죄악이 될 상황을 당연시하기 쉽다. 둘째, 학문이 깊어질수록 규범을 갖추어야 한다. 그렇지 못할 경우 규범에 무지한 탐관오리처럼 자멸할 수 있다.

첫째는 진보, 발전과 관련되어 있다. 이것은 명리와 위상의 진보가 아니라 배움을 좋아하고 제대로 배우는 과정을 통해 자신의 정신적 경지를 높이고 인격을 갖추는 일이다. 물론 자신의 지혜를 확장하는 것 역시 이 안에 포함된다. 둘째는 예법의 구속과 복종을 받아들이고, 자신이 아무리 대단한 존재일지라도 결코 제멋대로 행동해서는 안 된다는 것을 의미한다.

161

배움은 실천이 따라야 한다

徙義.
<small>사 의</small>

도의와 도리를 알고 이를 실천으로 옮길 줄 알아야 한다.

〈안연편제십이〉 중에서

모든 일을 미리 아는 것은 불가능하므로 책을 읽고 이치에 밝아져야 한다. 여기서 말하는 이치란 바로 도의, 도리, 정의를 가리킨다.

충과 신을 말하고 난 후에는 도의, 도리, 정의를 향해 실제로 행동해야 한다.

배워서 뜻을 확고히 세워라

博學而篤志.

널리 배워서 정신적으로 추구하는 바를 확고히 하다.

〈자장편제십구〉 중에서

널리 배우고 견문을 넓히며 뛰어난 기억력을 가진 사람
은 많은 장점을 가지고 있다. 다만, 모든 일의 본질을 쉽
게 간파하고 문제해결의 실마리를 찾아내는 탓에 오만
방자해지기 쉽다.

이런 사람에게는 '독지(篤志)', 즉 정신적으로 추구하는
바와 확고한 믿음 그리고 도덕적 열정과 정직함을 강조
해야 한다.

배움의 길은 자기 발전의 길이다

견 현 사 제 언   견 불 현 이 내 자 성 야
見賢思齊焉, 見不賢而內自省也.

현명한 이를 보면 그와 닮기 위해 노력하고, 현명하지 못한 이를 보면 자신을 반성
하라.

〈이인편제사〉 중에서

어떤 사람은 어진 이를 보면 질투에 눈이 멀어 살의를
느낀다. 특히 사리 분별을 하지 못하는 어리석은 자 혹은
빈 수레가 요란한 편협한 자는 자기 발전을 위해 배움에
정진하는 것이 아니라 어진 이를 꺾어 무너뜨리는 데 혈
안이 되어 있다. 그들은 그것이야말로 자기 발전의 지름
길이라고 굳게 믿는다.

진정 언제 어디서나 배움의 기회와 본보기를 찾고, 배움
의 경계로 삼아야 할 대상을 찾아 반면교사(反面教師)하
는 사람이야말로 온전히 배움의 도를 좇으며 자기 발전
을 이룰 수 있다.

五章

일은 자기실현의 방편이다

일하려면 자신만의 신념이 필요하다

제 인 귀 녀 악　계 환 자 수 지
齊人歸女樂, 季桓子受之,

삼 일 부 조　공 자 행
三日不朝, 孔子行.

제나라 사람이 노나라 대부 계환자에게 미녀들로 꾸려진 가무단을 선사했다. 계환
자가 이를 받아들이고 사흘 동안 조회를 열지 않자 공자께서 (노나라를) 떠나셨다.

〈미자편제십팔〉 중에서

일할 때는 자신만의 신념이 있어야 한다.

차라리 일을 안 하면 안 했지, 자리만 차지하고 앉아 국
록을 받아먹어서는 안 된다.

의로운 일에 적극적으로 나서는 기개

<ruby>甚<rt>심</rt></ruby><ruby>矣<rt>의</rt></ruby><ruby>吾<rt>오</rt></ruby><ruby>衰<rt>쇠</rt></ruby><ruby>也<rt>야</rt></ruby>! <ruby>久<rt>구</rt></ruby><ruby>矣<rt>의</rt></ruby><ruby>吾<rt>오</rt></ruby><ruby>不<rt>불</rt></ruby><ruby>復<rt>부</rt></ruby><ruby>夢<rt>몽</rt></ruby><ruby>見<rt>견</rt></ruby><ruby>周<rt>주</rt></ruby><ruby>公<rt>공</rt></ruby>.

내가 이렇게나 많이 늙었구나! 내가 꿈에서 주공을 뵙지 못한 것이 이토록 오래되었으니 말이다.

〈술이편제칠〉 중에서

큰 뜻이 있는 유망한 사람은 의로운 일에 적극적으로 나서는 기개를 가져야 한다.

그런 사람이라면 희생을 두려워하지 않은 채 가혹한 시련을 극복하며 마침내 원하는 바를 이룰 수 있다.

169

무엇을 해야 하는지 늘 되뇌라

不曰 '如之何如之何' 者,

吾末如之何也已矣.

"어찌할까, 어찌할까"라고 말하지 않는 자는 나도 어찌할 수 없다.

〈위령공편제십오〉중에서

온종일 배불리 먹기만 할 뿐 아무 생각 없이 지내서는 안 된다.

누구나 자신이 무엇을 해야 하는지, 어떻게 해야 하는지, 무엇을 신경 써야 하는지, 어떻게 해야 더 잘할 수 있는지, 학문과 진리와 대의를 위해 무엇을 해야 하는지를 늘 생각해야 한다.

흥미도 선택의 귀결점이 될 수 있다

_{여 불 가 구 종 오 소 호}
如不可求, 從吾所好.

만약 이런 기회가 없다면 나는 그냥 내가 관심 있는 일을 하겠다.

〈술이편제칠〉 중에서

발전과 흥미는 직업을 선택하는 데 가장 중요한 두 가
지 요소다. 발전의 대가가 사회적 요구를 만족시키는 것
이라면 흥미는 자신의 쾌락과 욕구를 만족시키는 것으
로 족하다.

누구나 이런 상황에 직면한다. 직업을 선택할 때 발전 가
능성이 있는 분야를 선택하는 동시에 합법적이고 정당
한 여론과 풍속에 어긋나지 않아야 한다. 하지만 그런 선
택이 좋아하는 것과 반드시 일치하는 건 아니다. 전도양
양한 양질의 직업을 찾을 수 없거나, 찾았다 해도 그 직
업이 공의를 저버려 결국 구직이나 창업에 실패한다면
차라리 한 발짝 물러나 흥미와 관심을 최우선으로 삼는
편이 더 낫다.

일의 두 가지 기본 원칙

사 견 위 치 명 견 득 사 의
士, 見危致命, 見得思義.

선비는 위급한 상황에 처하면 목숨을 바치고, 이득을 보면 의로운 것인지를 생각해야 한다.

〈자장편제십구〉 중에서

위험이 닥쳤을 때 몸을 사리지 말고, 이득을 보면 그것이 의로운 것인지를 생각해야 한다.

이런 근본적 원칙을 지키는 것이야말로 해야 할 것과 하지 말아야 할 것을 아는 군자와 아무것도 하지 않고 어디에나 손을 뻗치는 소인배의 차이다.

일을 행하기에 앞서 운명부터 알아야 한다

부 지 명 무 이 위 군 자 야
不知命, 無以爲君子也.

운명의 법칙을 모르면 군자가 될 수 없다.

〈요왈편제이십〉 중에서

무슨 일을 하든 먼저 흥망, 성쇠, 승패, 영욕의 법칙을
알아야 한다.

정반대의 결과를 초래하고, 큰 노력을 들이고도 작은 성
과를 거두고, 천인공노할 일을 초래하고, 자멸을 자초하
는 일은 하지 말아야 한다.

먼저 농사를 지은 후 수확하라

선 사 후 득   비 숭 덕 여
先事後得, 非崇德與?

할 일을 먼저 하고 얻음을 뒤로 돌리는 것이 덕을 높임이 아니겠는가?

〈안연편제십이〉 중에서

'선사후득'은 농사를 지은 후 수확하고, 공헌한 후 업적을 쌓고, 좋은 일을 한 후 앞길을 묻는 것처럼 일의 선후 관계가 명확해야 덕을 높일 수 있다는 의미를 담고 있다. 여기서 먼저 해야 하는 일은 바로 도덕이 요구하는 모든 것이다. 이것은 지금 세상에서 흔히 말하는 공평, 봉사정신, 희생정신과 일맥상통한다.

욕심이 없으면 강해진다

정 야 욕　　언 득 강
棖也欲, 焉得剛?

정(신정申棖, 공자의 제자)은 탐욕스러운데 어찌 강직할 수 있겠느냐?

〈공야장편제오〉 중에서

사람은 탐욕, 갈구, 이기심을 경계해야 한다.

온종일 허세를 부리고, 권세를 휘두르며 타인을 압박하고, 입만 열면 자기밖에 모르고, 사리사욕과 자기 기분에만 휩싸여 온종일 원망을 쏟아낸다면, 그는 겉으로만 강해 보일 뿐 속은 텅 빈 불쌍한 인간에 불과하다.

모든 일은 생각이 먼저 뒷받침되어야 한다

先之勞之.
선 지 로 지

솔선수범하여 부지런히 행해야 한다.

〈자로편제십삼〉 중에서

 일하기 전 미리 고민하고, 계획하고, 돌발 상황에 따른 다양한 대안을 마련해둬야 한다.

그렇지 않고 일이 닥쳐서야 고민하면서 임시방편으로 일을 처리한다면 좋은 결과물을 낼 수 없다.

군자가 생각해야 할 아홉 가지

시 사 명　청 사 총　색 사 온　모 사 공
視思明, 聽思聰, 色思溫, 貌思恭,

언 사 충　사 사 경　의 사 문
言思忠, 事思敬, 疑思問,

분 사 난　견 득 사 의
忿思難, 見得思義.

어떤 현상을 볼 때 명확하게 볼 것을 생각하고, 들을 때는 또렷하게 들을 것을 생각해야 한다. 얼굴빛은 온화하게 할 것을 생각하고, 용모는 공손하고 겸손할 것을 생각해야 한다. 말은 진실하게 할 것을 생각하고, 일은 충실하게 할 것을 생각하고, 이득이 될 일을 볼 때는 의로운 것인지를 생각해야 한다.

〈계씨편제십육〉 중에서

군자가 행해야 할 아홉 가지 생각은 상당히 현실적이다. 다만, 숭고한 인격과 학문 수양을 갖춘 군자의 이상적 경지는 생각하지 않아도 이 모든 게 완벽하게 행해지는 것이다.

다시 말해서 생각의 원대한 목표는 그것을 인격과 개성으로 온전히 고착화하는 일이다.

생각하고 또 생각하라

계 문 자 삼 사 이 후 행
季文子三思而後行.

계문자는 무슨 일을 하든 세 번 곰곰이 생각한 후에야 행동했다.

〈공야장편제오〉 중에서

한 가지 일을 결정할 때 어떤 말을 듣거나 생각하자마자 즉시 행동으로 옮길 수 있다면, 그것은 머릿속에서 여러 번 숙성 과정을 거쳤거나 생각의 준비와 인식의 기반이 갖춰졌기에 가능한 것이다.

어떤 결정을 내릴 수 없다면 수차례 생각을 거듭해야 한다. 그 생각은 수백 번의 반복 과정을 거친다 해도 지나치지 않다.

다시 말해서 모든 일에는 그에 걸맞은 처리 과정이 있다. 그 과정에서 사고 · 의논 · 변화 · 수정 · 보완 · 결정을 반복하며 최상의 결과를 만들어내야 한다. 사실 세 번도 많다고 할 수 없다.

신중한 태도로 접근하라

居處恭, 執事敬, 與人忠.
거 처 공   집 사 경   여 인 충

공손히 거처하며, 일을 처리할 때는 신중하고, 다른 사람을 대할 때는 정성과 신의를 다한다.

〈자로편제십삼〉 중에서

세상만사와 만물의 이치는 자신이 거처하는 곳에서 마음가짐뿐 아니라 용모와 태도를 단정히 하고, 주어진 일을 신중하게 처리하며, 인간관계를 맺을 때 계산하는 마음이 아니라 정성과 신의를 다하는 바른 마음을 가지는 것에서부터 시작해야 한다.

천 리 길도 한 걸음부터 시작되듯, 그 첫걸음을 신중하고 바른 마음가짐으로 내딛는 게 거창한 말로 자신을 꾸미며 잇속을 차리는 것보다 훨씬 값진 일이다.

전략과 방책을 분명히 나누라

방유도 위언위행 방무도 위행언손
邦有道, 危言危行, 邦無道, 危行言孫.

나라에 도가 행해지고 있을 때는 말과 행동을 엄정히 하고, 나라에 도가 행해지지
않을 때는 행동을 엄정히 하되 말은 공손히 해야 한다.

〈헌문편제십사〉 중에서

상황에 맞춰 다른 대책을 마련해야 한다.

전략과 방책의 차이를 알고, 나아가야 할 때와 멈춰 서서
몸을 사려야 할 때를 간파하고, 도리와 이익과 절도의 사
이에서 균형을 맞출 방침을 세워야 한다. 이와 동시에 대
의를 견지하고 기회주의에 편승해서는 안 된다.

원인과 결과에 주목하라

시 기 소 이　관 기 소 유　찰 기 소 안
視其所以, 觀其所由, 察其所安.

인 언 수 재　인 언 수 재
人焉廋哉, 人焉廋哉?

그 사람이 하는 행동을 보며 그 이유를 살피고 그 사람이 만족하는 바를 살핀다면 그의 사람 됨됨이를 어찌 숨길 수 있겠는가, 그의 사람 됨됨이를 어찌 숨길 수 있겠는가?

〈위정편제이〉 중에서

보이는 결과뿐 아니라 근원, 동기, 전체적 상황 등을 종합해 한 사람을 바라볼 필요가 있다.

원인과 결과를 중시하고, 보이는 결과와 보이지 않는 마음처럼 한 사람을 둘러싼 모든 조건과 현상을 다방면으로 고려해야 비로소 그의 사람됨을 알 수 있다.

큰일은 작은 것에서 시작된다

공 욕 선 기 사　　　필 선 리 기 기
工欲善其事, 必先利其器.

일을 잘하려면 우선 그 일을 이롭게 할 도구를 다듬어야 한다.

〈위령공편제십오〉 중에서

일을 잘 완수하려면 도구와 설비 등 생산 수단부터 먼
저 잘 갖추어야 한다.

그 어떤 큰일도 손끝에서 시작되는 법이다. 그 일을 이롭
게 할 좋은 도구와 수단 선택이 바로 양질의 결과물을 만
들어내는 전제조건이다.

182

사소한 일이라도 원칙을 지켜라

팔 일 무 어 정　시 가 인 야　숙 불 가 인 야
八佾舞於庭, 是可忍也, 孰不可忍也?

대부인 계씨가 천자만이 즐길 수 있는 팔일무를 자신의 정원에서 추게 했다. 이런 일조차 허용할 수 있다면 그가 다른 무엇인들 허용하지 못하겠는가?

〈팔일편제삼〉 중에서

아무리 사소한 일이라도 원칙을 따르지 않으면 큰일을 할 때 반드시 심각한 결과를 초래한다.

작은 원칙이 지켜지지 않으면 원칙대로 일하지 않는 경우가 빈번해지고, 결국 민심도 태평할 리 없다. 그러니 사소한 일이라도 그 원칙이 무너지는 것을 절대 용납해서는 안 된다.

신중한 태도에는 책임도 따른다

위 명　비 심 초 창 지　　세 숙 토 론 지
爲命, 裨諶草創之, 世叔討論之,

행 인 자 우 수 식 지　　동 리 자 산 윤 색 지
行人子羽修飾之, 東里子産潤色之.

정나라에서 외교문서를 작성할 때 비심이 초안을 잡고, 세숙이 검토하며, 행인(외
교관) 자우가 그것을 수정하고, 동리의 자산이 마지막으로 그것을 윤색했다.

〈헌문편제십사〉 중에서

일에 관해 신중하고 진지하게 접근해 한 치의 소홀함도
없어야 한다.
문자로 이루어진 것 역시 극도의 책임감을 갖고 몇 차례
에 걸쳐 관문을 통과하듯 검토와 점검을 해야 한다.

끝까지 해내는 것이 가장 중요하다

비 여 위 산　　미 성 일 궤　　지　　오 지 야
譬如爲山, 未成一簣, 止, 吾止也.
비 여 평 지　　수 복 일 궤　　진　　오 왕 야
譬如平地, 雖覆一簣, 進, 吾往也.

비유컨대 산을 만들 때 흙을 거의 다 쌓아놓고 마지막 단계에서 흙 한 삼태기를 붓지 않은 채 그만두는 것도 내가 그만두는 것이요, 땅을 평평하게 메워 고르기 위해 한 삼태기의 흙을 부어 진전시켰다면 그 또한 내가 한 것이다.

〈자한편제구〉 중에서

사람이 하는 모든 일의 관건은 자신이 해낼 수 있는지, 특히 끝까지 해낼 수 있는지에 달려 있다.

'한 삼태기의 흙이 모자라 산을 쌓지 못했다'는 말처럼, 힘들게 추진해온 일을 마지막까지 밀어붙이지 못하면 성공 직전에 실패할 수밖에 없다. 반면에 시작은 미약할지 몰라도 꾸준히 이어가고 끝까지 마무리한다면 그 일은 실패가 아닌 성공으로 결실을 본다.

목표를 향해 초지일관한다

_{불 항 기 덕}　_{혹 승 지 수}
不恆其德, 或承之羞.

그 덕을 항상 지키지 않으면 부끄러움을 당할지도 모른다.

〈자로편제십삼〉 중에서

무슨 일을 하든지 인내심과 집중력이 있어야 한다.

공자는 '항(恆)'의 중요성을 강조하며 목표를 향해 초지

일관할 줄 알아야 한다고 했다.

신의와 성심은 모든 일의 근간이다

자 고 개 유 사　　민 무 신 불 립
自古皆有死, 民無信不立.

예로부터 사람은 모두 죽음을 피할 수 없다. 하지만 백성의 믿음이 없고 그들의 신망을 잃는다면 나라가 서지 못한다.

〈안연편제십이〉 중에서

　성심과 신의로 나라는 물론 몸을 바로 세워야 한다. 통치자는 믿음을 바탕으로 백성의 신임을 얻어야 하고, 관리자의 언행이 진실해야 직원들의 신뢰를 얻을 수 있다. 세상의 모든 업종이 신용을 가장 중요한 기본 덕목으로 생각해야 사회가 비로소 효율적으로 돌아간다. 무엇보다 나라가 바로 서야 국민이 근심 없이 생업에 종사할 수 있다.

믿음의 근간을 지켜라

신 근 어 의 언 가 복 야
信近於義, 言可復也.

그 사람의 믿음이 의로움에 가까우면 그 사람의 말은 실천될 수 있다.

〈학이편제일〉 중에서

원칙에 빠지다 보면 사소한 도리가 큰 도리에 복종하고, 작은 개념이 큰 개념에 복종하고, 작은 인물이 큰 인물에 복종하는 것에 집착하게 된다.

따라서 성심과 신의의 목적은 그 원칙을 지키는 것도 중요하지만, 큰 도리를 마음에 새겨 잊지 않고 실천하는 데 있다. 만약 당신의 성심과 신의가 대의와 대원칙과 연관되어 있다면, 당신이 한 말은 믿음을 얻고 그 말에 무게감과 책임감이 합쳐지면서 실천으로 이어진다.

충심이 바로 믿음이다

주 충 신
主忠信.

충심과 신의를 다하라.

〈안연편제십이〉 중에서

타고난 양심이나 재능처럼 내면의 충과 성심 그리고
신의 역시 절대 흔들리면 안 된다. 충심이 바로 믿음이라
고 할 수 있다.

말에 책임을 지지 않는 사람에게는 당연히 충심이 없다.
그러니 그 말을 어떻게 믿고 따를 수 있겠는가?

예의와 겸손도 그 '선'을 지킬 줄 알아야 한다

泰伯其可謂至德也已矣.

三以天下讓, 民無得而稱焉.

태백은 지극한 덕을 품은 사람이라고 할 수 있다. 그는 세 번이나 천하를 통치할 수 있는 왕위를 양보했고, 백성들은 무슨 말로 그 덕을 칭송해야 할지 몰랐다.

〈태백편제팔〉 중에서

정당한 경쟁은 일종의 미덕으로, 질서의 발전과 능동적이고 적극적인 인성을 발휘하는 데 유리하다. 하지만 경쟁은 모순과 갈등을 유발하기도 한다. 예로부터 예의와 양보는 질서와 조화를 위해 지켜야 할 숭고한 미덕으로 여겨졌다.

하지만 이것도 발전을 방해하는 걸림돌이 된다. 예의와 양보를 최고의 미덕으로 여기면 결국 그것을 표방해 서로 경쟁할 수 있다. 다시 말해서 도덕적 잣대로 평가할 때 절대 예의와 양보를 하지 않는 문제로 발전할 수 있다. 예컨대 승진이나 금전이 걸린 문제 앞에서는 예의와

양보를 차릴 수 있을지 몰라도 누가 더 예의와 양보를 잘
하는지와 관련된 도덕적 비교 평가 문제 앞에서는 절대
물러서지 않는다. 경기장에서 공정히 실력을 겨루는 것
이 아니라 도덕적 미덕 앞에서 누가 더 많이 양보했는지
를 두고 경쟁하는 셈이다. 이것은 서로 양보하기 위해 싸
우는 것과 같다. 그리고 예의와 양보를 공정한 경쟁의 미
덕으로 삼고자 했던 생각의 본질을 변질시키는 것이다.

대체 불가한 경쟁의 이점

_{능 이 례 양 위 국 호   하 유}
能以禮讓爲國乎, 何有?

_{불 능 이 례 양 위 국   여 례 하}
不能以禮讓爲國, 如禮何?

예와 겸양으로 나라를 다스릴 수 있는가? 그렇게 하는 데 전혀 문제 될 것이 없다.
예와 겸양으로 나라를 다스릴 수 없다면 예를 행하는 것이 무슨 의미가 있겠는가?

〈이인편제사〉 중에서

예의 바르고 겸손한 양보를 강조하며 경쟁과 충돌을 대
체하거나 아예 없애면 어떤 장점이 있을까? 아마도 경쟁
속에서 인성의 악한 면이 드러나기 때문에 부정적인 문
제들을 제거할 수 있을지 모른다.

그러나 경쟁을 없애는 것은 발전과 진보, 창조를 포기하
는 것과 다르지 않다. 또한 그 과정에서 도덕, 예의, 양보
를 억지스럽게 강조하다 보면 인성과 사회의 발전이 더
뎌질 수 있다.

과연 경쟁과 양보 속에서 조화로운 발전을 이끌어내려
면 어떻게 해야 할까? 시장과 사회생활 영역에서는 체계

적이고 공평한 경쟁을 강조해 적자생존이 이루어지도록
해야 한다. 또한 대인관계 영역에서는 군자의 기풍, 예
의, 겸손, 양보를 강조해야 한다.

군자의 싸움을 하라

기 쟁 야 군 자
其爭也君子.

그 싸움도 군자답다고 할 수 있다.

〈팔일편제삼〉 중에서

전통문화를 돌아보면 경쟁, 쟁탈에 대해 비교적 유보하는 태도를 보이는 경우가 대부분이고, 승부욕을 동반한 경쟁보다 겸손, 예의, 양보를 더 강조했다.

인터넷에 등장하는 비방, 폄하, 독설, 욕설을 보고 있노라면 소인배의 싸움과 비교조차 되지 않는 군자의 싸움에 대해 다시 생각하며 그 가치를 깨닫게 된다.

싸움은 무분별한 욕설과 비방이 아니라 원칙과 법칙에 따라 행해져야 그 본질이 흐려지지 않는다. 싸움의 목적은 상대를 해치는 것이 아니라 진리와 진보를 추구하고 새로운 지식을 얻는 데 있다. 그러므로 싸움에 앞서 더 높은 도덕적 기준을 바탕으로 우리의 태도를 주도할 수 있어야 한다.

의리, 예의, 겸손, 신뢰

군 자 의 이 위 질   예 이 행 지
君子義以爲質, 禮以行之,

손 이 출 지   신 이 성 지   군 자 재
孫以出之, 信以成之. 君子哉!

군자는 의를 바탕으로 삼고, 예로 행동하고, 겸손으로 태도를 나타내고, 믿음으로
일을 이루는 것이니, 이러면 참으로 군자로다!

〈위령공편제십오〉 중에서

회사에서 한 사람이 의(義)가 아니라 이(利)를 본질로
삼고, 부와 명리와 출세와 향락만 추구하고, 허풍과 폭력
에 물들어 막무가내로 말하고 행동하며, 입만 열면 상대
방에게 상처를 주며 말로써 압력을 행사하고, 말만 앞세
울 뿐 약속을 지키지 않는다면, 그의 이런 업무 태도는
어떤 결과를 낳을까?

요컨대 의리, 예의, 겸손, 신뢰는 사람으로서 한평생 고
수해야 할 핵심 덕목이다.

예의와 양보가 경쟁보다 낫다

자 사 칠 조 개 사
子使漆雕開仕.

대 왈   오 사 지 미 능 신   자 열
對曰:"吾斯之未能信." 子說.

공자께서 제자 칠조개에게 벼슬길로 나가라고 말씀하셨다. 칠조개가 대답했다.
"저는 벼슬이라는 이 일에 대해 아직 자신이 없습니다." 그러자 공자께서 크게 기
뻐하셨다.

〈공야장편제오〉 중에서

일할 때는 겸손하고, 예의와 양보를 중시하고, 살얼음
판을 걷듯 조심하고, 자신만만한 모습을 드러내지 않고,
승부욕을 과시하지 않아야 한다.
이런 도덕적 원칙과 규범은 객관적으로 볼 때 경쟁을 제
약하는 역할을 해 학습, 단결, 통합, 장악에 유리하다.

정의는 살아 있다

인 진 생 야 직   망 지 생 야 행 이 면
人之生也直, 罔之生也幸而免.

사람이 살아갈 수 있는 것은 정직하기 때문이다. 정직하지 않으면서 목숨을 부지하는 경우는 요행히 화를 피했기 때문이다.

〈옹야편제육〉 중에서

정의는 살아 있고 모든 것이 인과응보에 따라 그 대가를 치르게 마련이다. 문제는 사회현상의 진실이 드러나고 그 죗값을 받게 되기까지 얼마의 시간이 걸릴지 알 수 없다는 것이다.

정직하지 않은 데도 재앙이 닥치기는커녕 득의양양하게 몇십 년 혹은 몇 대에 걸쳐 그 후손들까지 호의호식하며 살기도 한다. 아첨꾼들과 기회주의자들이 더 큰소리치며 잘살아도 세상에는 오로지 바른길만 존재한다고 굳게 믿으며 살 수 있겠는가? 답은 사람의 마음에 달려 있다.

자기 능력의 한계를 파악하라

맹공작위조
孟公綽爲趙, 魏老則優,

불가이위등 설대부
不可以爲滕, 薛大夫.

맹공작은 (진나라 명문 세족인) 조씨와 위씨의 가신이 되기에 충분하지만, 등나라와
설나라 같은 작은 제후국의 대부가 되기에 부족하다.

〈헌문편제십사〉 중에서

어떤 사람은 닭의 대가리가 될지언정 소의 꼬리가 되지
않으려 한다. 그런 사람은 야심이 있고 전도가 유망하니,
세상을 누비며 먹고살 만한 인재다.

어떤 사람은 소의 꼬리가 될지언정 닭의 대가리가 되지
않으려 한다. 그런 사람은 진취적이지 못할뿐더러 일을
추진할 만한 능력이 없다.

'작은 우두머리'가 되지 말라

군 자 긍 이 부 쟁　군 이 부 당
君子矜而不爭, 羣而不黨.

군자는 긍지를 가지되 다른 사람과 다투지 않고, 무리를 이루되 파벌을 만들지 않는다.

〈위령공편제십오〉 중에서

군자는 존엄과 긍지를 가지되 다른 사람과 다투거나 득실을 따지지 않고, 무리를 이루며 협력하되 작당하여 사리사욕을 꾀하지 않는다.

누군가는 원하는 바를 이루고 성공하려면 자기편을 끌어들여 파벌을 만들고 힘을 키워야 한다고 말할지 모른다. 물론 파벌을 만들지 않은 사람은 적의 파벌 때문에 고통을 겪을 수 있겠지만, 그럼에도 파벌을 만들지 않는다. 무슨 일이든 시야를 넓혀 멀리 내다보고 상황을 판단하는 것이 좋다. 그것이 바로 군자가 가야 할 길이다.

파벌과 독불장군을 경계하라

君子哉若人! 魯無君子者, 斯焉取斯?

이런 사람이 군자로다! 노나라에 군자가 없다면 이 사람이 어디에서 이런 덕을 가지게 되었겠는가?

〈공야장편제오〉 중에서

군자는 파벌을 만들지 않는다. 그럼에도 외롭지 않을 뿐더러 대중의 신임을 잃거나 조력자를 잃지 않는다.

진정한 군자는 사람들과 어울릴 줄 알고, 걸핏하면 독불장군처럼 굴거나 홀로 곧은 절개를 가진 것처럼 과시하지 않는다. 또한 최후의 일인이 될 때까지 싸우라고 호소하거나 한 사람에게 사회 전체, 민족 전체 더 나아가 온 세상과 맞서 싸우라고 선동하지 않는다.

자신을 돌아보고 반성하라

궁 자 후   이 박 책 어 인   즉 원 원 의
躬自厚, 而薄責於人, 則遠怨矣.

몸소 자책하기를 엄하게 하고, 남 책망하기를 적게 한다면 원망이 멀어질 것이다.

〈위령공편제십오〉 중에서

자신을 돌아볼 때 엄하게 자책해야 한다. 그러면서 남의 잘못에 눈을 돌리지 않아야 한다.

그러면 남의 잘못을 트집 잡아 원망하는 어리석음에 빠지지 않을 수 있다.

나에게 어떤 밑천이 있는지 생각해보라

不患無位, 患所以立.
불 환 무 위   환 소 이 립

不患莫己知, 求爲可知也.
불 환 막 기 지   구 위 가 지 야

관직이 없음을 걱정하지 말고, 자신이 그 관직을 맡을 능력이 되는지를 걱정하라.
남이 나를 몰라주는 것을 걱정하지 말고, 다른 사람이 자신의 가치를 알 수 있도록
노력하라.

〈이인편제사〉 중에서

설 자리가 없다 한탄만 하지 말고 무엇(자원, 능력, 공로)
을 무기로 삼아 세상에 발붙일 것인지 고민해야 한다. 세
상 사람이 자신을 몰라준다고 푸념하기에 앞서 그들에
게 무엇(자질, 특기)을 제공해 그들의 관심과 이해를 끌 것
인지 고민해야 한다.

그런데 애석하게도 무능하고 저속하고 쩨쩨한 사람일수
록 자신이 갖지 못한 것에 대해 불만을 터뜨리는데, 그
원망이 하늘을 찌른다.

'작은 재주'에 자신을 가두지 말라

雖小道, 必有可觀者焉.

致遠恐泥, 是以君子不爲也.

비록 작은 재주일지라도 취할 장점이 반드시 있게 마련이다. 하지만 지나치게 거기에 빠지면 큰 뜻을 이루는 데 막힘이 되므로 군자는 그것을 추구하지 않았다.

〈자장편제십구〉 중에서

설령 보잘것없는 재주일지라도 취할 장점이 있게 마련이다.

하지만 더 멀리 내다보고 생각한다면 작은 재주가 큰 뜻을 이루는 데 도리어 걸림돌이 될 수 있다.

공사를 구분할 줄 알아야 한다

有澹臺滅明者, 行不由徑,
유 담 대 멸 명 자　　행 불 유 경

非公事未嘗至於偃之室也.
비 공 사 미 상 지 어 언 지 실 야

담대멸명이라 불리는 사람이 있습니다. 그는 정도가 아니면 가지 않고, 공적인 일이 아니면 제 집에 온 적이 없습니다.

〈옹야편제육〉 중에서

옛날에는 백성들이 뒷길을 애용했다. 아무래도 큰길은 관가의 승인을 받아 구획이 정해진 곳이고, 반면에 뒷길은 사람들이 자주 오가다 보니 저절로 길이 된 경우가 많았기 때문이 아닐까 싶다. 물론 뒷길로 가면 좀 더 빨리 갈 수 있을지 모른다. 하지만 언제 어디서 위험이 도사리고 있을지 알 수 없다. 아무 걱정 없이 길을 가고 싶다면 당연히 뒷길을 피해야 한다.

일할 때도 마찬가지다. 큰길을 가듯 정도가 아니면 가지
말아야 하고, 모든 일을 공정히 원칙적으로 처리해야 한
다. 그러고 보면 담대멸명(澹臺滅明)이라는 인물이 공적
인 일 아니면 윗사람 자우(子羽)를 개인적으로 찾아가지
않은 것도 일리가 있다.

큰 틀을 먼저 생각하라

백 이 숙 제 불 념 구 악   원 시 용 희
伯夷叔齊不念舊惡, 怨是用希.

백이와 숙제는 옛날에 다른 사람이 자신들에게 악하게 굴었던 일을 생각하지 않았기 때문에 원망에 시달리는 일이 드물었다.

〈공야장편제오〉 중에서

단체를 이끌려면 큰 틀 안에서 포용력과 더불어 단합에 능해야 하며, 옹졸하게 굴거나 신경질적으로 불평불만을 늘어놓는 일을 금기시해야 한다.

본인의 시시비비보다 결과가 중요하고, 갈등보다 화합이 우선이며, 사소하고 보잘것없는 일보다 대세를 먼저 내다볼 줄 알아야 한다.

소인배와 군자의 차이

군 자 태 이 불 교　　소 인 교 이 불 태
君子泰而不驕, 小人驕而不泰.

군자는 마음가짐이 태연하면서도 교만하지 않고, 소인은 교만하면서 태연하지 못하다.

〈자로편제십삼〉 중에서

　호들갑을 떠는 사람, 함부로 이것저것 의심하는 사람,
시도 때도 없이 위급함을 알려 도움을 청하는 사람, 허세
를 부리는 사람, 늘 트집을 잡고 책망하는 사람, 고압적
인 태도로 공포를 조장하는 사람, 화를 다스리지 못하는
사람, 다른 이가 복종하지 않을까 봐 전전긍긍하는 사람,
첩자를 배치하는 사람, 파벌을 만들어 요주의 인물들을
추려내는 사람, 기회가 될 때마다 자신이 옳음을 증명하
려 드는 사람……

이 모두가 군자라고 할 수 없다.

소인은 파벌을 이루고 작은 이익에 집착한다

군 자 주 이 불 비   소 인 비 이 부 주
君子周而不比, 小人比而不周.

군자는 두루 사랑하고 편을 가르지 않으며, 소인은 편을 가르고 두루 사랑하지 않는다.

〈위정편제이〉 중에서

군자는 이념을 갖추고 사실에 근거한 진리를 추구하며 전체적 국면과 공적 관점을 고려한다. 반면에 소인은 파벌과 종파에 집착하고 눈앞의 이익을 나누는 데 급급하다. 어떤 사람들은 도량이 좁아 늘 불평불만을 터뜨리고, 인의를 피하고, 문학과 예술을 멀리하고, 국익을 염두에 두지 않는다. 그들은 그저 사사로운 이익을 도모하는 데 눈먼 자들일 뿐이다.

지모가 뛰어난 사람이 되어라

知者, 不失人, 亦不失言.
<small>지 자　불 실 인　역 불 실 언</small>

지혜로운 자는 사람을 잃지 않으며, 말 또한 잃지 않는다.

〈위령공편제십오〉 중에서

덕과 지혜는 양립할 수 없는 것일까? 왜 걸핏하면 지모가 뛰어난 사람보다 소처럼 우직하게 묵묵히 남을 위해 살라고 말하는 것일까?

'어진 이는 산을 좋아하고, 지혜로운 이는 물을 좋아한다'는 말은 왜 나온 것일까? 산과 물이 무슨 모순관계이기에 둘 다 얻을 수 없다고 말하는 것일까?

따지고 보면 세상의 진보가 과연 무모하고 오직 우둔한 이가 머리 깨지고 피 흘릴 만큼 덤벼든 결과였을까?

소인배의 필살기에 대처하라

교 언   영 색   주 공   좌 구 명 치 지   구 역 치 지
巧言, 令色, 足恭, 左丘明恥之, 丘亦恥之.

번지르르한 말, 꾸민 얼굴빛, 지나친 공손, 좌구명이 이런 것을 부끄럽게 여겼는데,
나 또한 이를 부끄럽게 여기노라.

〈공야장편제오〉 중에서

사람됨의 품격은 전반적인 국면을 고려하고 지난날
의 잘못을 따지지 않을 정도의 도량에서 나온다.
사람을 대할 때 마음에 들지 않는 점이 있더라도 우선 속
에 두지 말고 웃어넘길 줄 알아야 한다. 그다음으로 상대
방이 옹졸하게 트집을 잡고 흠집 내기를 하더라도 대의
를 위해 참을 줄 알아야 한다. 마지막으로 상대방이 악랄
한 수단으로 공격하더라도 당당하게 빈틈을 보이지 말
고, 반격하더라도 소모적인 싸움에 정력을 쏟아붓지 말
아야 한다. 그럴 여력이 있다면 차라리 더 유의미한 일과
학문에 매진하는 편이 낫다.

관리는 사람의 마음을 다스린다

도 지 이 덕　제 지 이 례　유 치 차 격
道之以德, 齊之以禮, 有恥且格.

도와 덕으로 백성을 교화하고 예와 의의 절차와 규범으로 백성을 다스리면, 백성
이 법을 어기는 것을 부끄럽게 여기고 법을 준수하도록 만들 수 있다.

〈위정편제이〉 중에서

관리자는 사람, 재물, 물질뿐 아니라 사람의 마음도
관리해야 한다.

관리자는 사람의 마음을 일에서 분리하면 안 되는데, 혼
란을 초래할 악의적 감정을 제거해야 한다. 특히 이런 악
의적 감정은 그 동기와 더불어 그 생각의 싹 자체를 뿌리
째 뽑아내야 한다.

중상모략에 휘둘리지 말라

침 윤 지 참　부 수 지 소　불 행 언　가 위 명 야 이 의
浸潤之譖, 膚受之愬, 不行焉, 可謂明也已矣.

침 윤 지 참　부 수 지 소　불 행 언　가 위 원 야 이 의
浸潤之譖, 膚受之愬, 不行焉, 可謂遠也已矣.

물에 젖어 스며드는 듯한 참언과 날카로운 칼날로 피부를 찌르는 것 같은 무고한 말에 영향을 받지 않는다면, 사리 분별에 능할뿐더러 현명하다고 할 수 있다. 물에 젖어 스며드는 듯한 참언과 날카로운 칼날로 피부를 찌르는 것 같은 무고한 말에 영향을 받지 않는다면, 멀리 내다볼 줄 안다고 할 수 있다.

〈안연편제십이〉 중에서

권력과 자원을 장악하고 있는 조직 우두머리가 분열을 조장하는 아첨꾼의 말에 눈 하나 깜빡하지 않는다면, 그는 상대방의 속내를 간파할 만큼 사리 분별에 능한 사람이라 할 수 있다.

이유 없이 공격받을 만큼 뛰어난 능력의 소유자라면 늘 시기와 질투의 대상에 되기 쉽다. 그런 사람이 중상모략과 비열한 공격 앞에서도 흔들림 없이 경거망동하지 않고 불리한 상황 속에서도 차분하게 난관을 극복할 줄 안다면, 그것만으로도 그가 얼마나 명철한지를 미루어 짐작할 수 있다.

허세를 멀리하라

색 려 이 내 임　　비 저 소 인　　기 유 천 유 지 도 야 여
色厲而内荏, 譬諸小人, 其猶穿窬之盜也與!

안색만 보면 위엄이 넘치지만 마음속이 공허하고 심약한 사람을 소인에 비유하자
면 벽을 뚫고 담을 넘는 도둑과 같다!

〈양화편제십칠〉 중에서

안색을 험악하게 꾸미고자 한다면 그것은 주로 거드름을 피우며 상대를 제압하기 위해서일 가능성이 크다. 이런 경우 특별한 능력도 없으면서 몸에 맞지 않은 옷을 입은 듯 높은 지위와 명성을 얻은 탓이 크다.

덕이 없고 무능한 사람이 안색을 엄하게 꾸미지 않고 허세조차 부리지 않은 채 걸핏하면 재능과 학문이 뛰어난 이들을 모함하고 압박한다면 그가 속한 세상에서 과연 살아남을 수 있을까? 그래서 내실이 없고 유약한 사람일수록 자신을 더 강하게 보이기 위해 허세를 부리려 든다. 낯빛을 강하게 꾸미고, 뻔뻔하게 흰소리를 치고, 협박과 갈취를 일삼고, 추태를 부리는 경향이 강해진다. 동서고금을 막론하고 이런 사례는 비일비재하다.

권력만 추구하다 보면 본질이 흐려진다

巍巍乎! 舜禹之有天下也而不與焉!
_{외 외 호 순 우 지 유 천 하 야 이 불 여 언}

참으로 위대하여라! 순임금과 요임금이 천하를 다 가지고도 거기에 사사로이 관여하지 않으셨노라!

〈태백편제팔〉 중에서

집권을 위해 권력을 장악하는 자의 경지는 너무도 세속적이고 그 깊이가 얕아 큰 덕과 남다른 지모와 용맹을 바탕으로 큰 공을 세우기 어렵다. 이런 사람은 오히려 걸핏하면 뇌물을 탐하고, 매사를 두루두루 잘 살피지 못하며, 간혹 요행을 바라다 패가망신할 위험에 처한다.

반면에 큰 뜻과 포부를 품은 뛰어난 인재, 뛰어난 학식과 정치적 경륜을 가진 사람은 공명과 출세를 위해 수단과 방법을 가리지 않는 일을 절대 하지 않는다. 이런 사람은 내면에서부터 위엄이 드러날뿐더러 본질을 흐리지 않기 때문에 인재 중의 인재라고 할 만하다.

인재를 키울 줄 아는 리더가 되어라

장문중 기절위자여
臧文仲, 其竊位者與!

지유하혜지현 이불여립야
知柳下惠之賢, 而不與立也.

장문중은 벼슬을 도둑질해 자리만 차지하고 할 일을 제대로 못하는 사람이다! 유하혜가 어질고 현명하며 유능하다는 것을 알면서도 그와 함께 조정에 서려 하지 않았다.

〈위령공편제십오〉 중에서

훌륭한 인재를 돕지 않고 기회와 발전의 공간을 제공하지 않는 것은 '자리를 도적질하는 것'이다.

이것은 권력을 손에 쥔 사람들을 향한 강력한 경고이기도 하다. 조직 대표 혹은 인사 담당자라면 이 경고의 메시지에 귀를 기울일 필요가 있다.

좋은 사람을 잘 활용하는 것도 용인술이다

擧直錯諸枉, 能使枉者直.

정직한 사람을 천거해 비뚤어진 사람 위에 두면 비뚤어진 사람을 올바르게 만들 수 있다.

〈안연편제십이〉 중에서

좋은 사람을 잘 활용하면 나쁜 사람도 좋은 사람으로 변할 수 있을까? 그렇게 간단한 문제가 아니다. 그렇지만 좋은 사람이 일을 주관하면 나쁜 사람도 어쩔 수 없이 언행을 삼갈 수밖에 없다. 좋은 사람은 뛰어난 재능과 견실한 학식을 바탕으로 주관이 확고하기에 세상에서 환영받지 못할 때도 있다. 그렇다고 해도 그들은 아첨꾼 노릇을 하며 자신의 가치를 폄하시키지 않는다.

나쁜 사람은 남에게 의지하거나 시류에 편승해 일을 이루고, 아첨을 위해 수단과 방법을 가리지 않는다. 하지만 좋은 사람과 나쁜 사람, 충신과 간신을 같이 두면 간사한 사람이 어느새 마각을 드러내고 난처한 모습을 보이며 추태를 보인다.

그래서 현자를 천거하는 것만으로는 부족한데, 좋은 사람으로 나쁜 사람을 압박하려면 그들을 서로 대비시켜 그 차이점이 극명히 드러나게 해야 한다. 이것이 바로 용인술이다.

직급, 자격, 신분에 연연하지 말라

공 숙 문 자 지 신 대 부 선　여 문 자 동 승 저 공
公叔文子之臣大夫僎, 與文子同升諸公.

자 문 지 왈　가 이 위 문 의
子聞之曰: "可以爲文矣."

공숙문자의 가신인 대부 선이 공숙문자의 추천으로 그와 함께 공조(公朝)에 올랐
다. 공자께서 이를 듣고 말씀하셨다. "그의 시호를 문(文)이라고 할 만하구나."

〈헌문편제십사〉 중에서

연공서열을 막론하고 능력 있는 사람에게 그에 걸맞
은 대우를 해주고 앞길을 가로막지 말아야 한다.

직위, 자격, 신분에 얽매여 편협하고 융통성 없는 사고에
서 자유로워지면 뛰어난 인재를 곁에 두고 세상을 변화
시킬 수 있다.

좋은 사람 한 명을 발탁하면
좋은 사람 열 명이 따라온다

<ruby>先<rt>선</rt></ruby><ruby>有<rt>유</rt></ruby><ruby>司<rt>사</rt></ruby>, <ruby>赦<rt>사</rt></ruby><ruby>小<rt>소</rt></ruby><ruby>過<rt>과</rt></ruby>, <ruby>舉<rt>거</rt></ruby><ruby>賢<rt>현</rt></ruby><ruby>才<rt>재</rt></ruby>.

먼저 유사에게 맡기며, 작은 허물을 용서하며, 현명한 인재를 등용해야 한다.

〈자로편제십삼〉 중에서

사람을 잘 쓰는 것이 관건이다.

좋은 사람을 발탁하면 그 영향력이 또 다른 좋은 사람 열 명에게 미친다. 같은 이치로 나쁜 사기꾼을 발탁하면 그 틈을 비집고 더 많은 사기꾼이 몰려들 것이다.

훌륭한 리더는 뛰어난 지모와
정확한 판단으로 결정된다

居敬而行簡, 以臨其民, 不亦可乎?

居簡而行簡, 無乃大簡乎?

언제나 삼가는 마음을 가지고 행동을 민첩하게 하여 백성을 대한다면 괜찮지 않겠습니까? 몸가짐도 간략하고 행동도 간략하면 지나치게 간략한 것이 아니겠는지요?

〈옹야편제육〉 중에서

결정하기 전에 신중해야 하고, 결정할 순간이 오면 절대 두려워하거나 우유부단하게 굴어서는 안 된다. 그럴 때는 과감하게 처리하고 그 결정에 책임을 지며, 한 번 정한 일은 바로 행동으로 옮기고, 틀리면 고치겠다고 마음먹어야 한다. 물론 이런 결단력만으로는 부족하다. 이와 더불어 지모도 뒷받침되어야 한다.

머릿속에 지모가 많을수록 가장 좋은 선택과 판단을 할 수 있기 때문이다. 반면에 한 가지 방법도 생각해내지 못하는 사람은 발등에 불이 떨어져서야 어떻게 해보려 하지만, 결국 할 수 있는 일이란 우왕좌왕 당황하는 것뿐이다.

책임감 없는 기업의 미래란 없다

거 지 무 권 행 지 이 충
居之無倦, 行之以忠.

자리에 있을 때는 그 직무를 게을리해서는 안 되고, 정사를 처리할 때는 진실한 마음으로 해야 한다.

〈안연편제십이〉 중에서

무슨 일을 하든지 성심성의를 다하고 책임을 질 줄 알아야 한다.

일에 싫증을 내고, 방관자처럼 집중하지 못하며, 공리공론만 일삼을 줄 안다면 그 끝의 성공적 결실은 기대할 수 없다.

六章

슬기로운 사회생활

안팎을 두루 살핀다

文質彬彬, 然後君子.
문 질 빈 빈　 연 후 군 자

내면과 외양이 조화를 잘 이루어야 비로소 군자라고 할 수 있다.

〈옹야편제육〉 중에서

속성과 내용물은 좋으나 외관과 형식이 불량하면 다듬어지지 않은 거친 느낌을 주고, 외관과 형식은 좋으나 질과 내용이 불량하면 빈 수레가 요란한 느낌을 줄 뿐이다. 안과 밖이 모두 훌륭하고 내용과 형식이 다 갖추어진 후에야 비로소 군자라고 할 수 있다.

어떤 일에서든 예를 갖춘다

수 소 사 채 갱　　과 제　　필 제 여 야
雖疏食菜羹, 瓜祭, 必齊如也.

비록 거친 밥과 나물국일지라도 감사의 제사를 지내셨는데 반드시 경건히 하셨다.

〈향당편제십〉 중에서

사람은 문화적 동물이다.

따라서 어떤 일을 하든 그것 안에 공경을 다하는 모습,

기꺼이 예를 행하는 진심 어린 모습, 스스로 규범을 따르

고 실천하는 모습을 담아낼 줄 알아야 한다.

진정한 예란?

子夏問曰: "'巧笑倩兮, 美目盼兮,
素以爲絢兮.' 何謂也?"

子曰: "繪事後素."

曰: "禮後乎?"

子曰: "起予者, 商也! 始可與言詩已矣."

자하가 여쭈었다. "'예쁘게 웃으니 보조개가 귀엽고, 아름다운 눈동자는 흑백이 분
명하며, 흰 바탕으로 채색을 한다네'라고 하였는데, 이 시는 무슨 의미인지요?" 공
자께서 말씀하셨다. "그림을 그리는 일은 색칠할 흰 바탕이 마련된 뒤에 한다는 뜻
이다." 자하가 여쭈었다. "충신의 바탕을 갖추는 것이 먼저이고, 예는 뒤라는 말씀
이신지요?" 공자께서 말씀하셨다. "나를 일깨워주는 자는 상(商, 자하의 이름)이로
구나. 비로소 함께 시를 말할 수 있겠구나."

〈팔일편제삼〉 중에서

예는 미녀의 웃는 얼굴처럼 아름답고 사랑스러우며 정답다. 아름다움은 소박하고 천진난만한 가운데 존재한다. 예는 문화이자 규범이고, 질서이자 구속이다.

예를 형식으로 치부해서는 안 된다. 또한 표면적 격식이나 위선적이고 가증스러운 쇼로 변질시켜서는 안 된다.

예의 삼중 경지

향 인 음 주　　장 자 출　　사 출 의
鄉人飮酒, 杖者出, 斯出矣.

마을 사람들이 모여 술 마실 때 지팡이를 짚은 어르신들이 먼저 자리를 뜨면 그제
야 공자께서 밖으로 나가셨다.

〈향당편제십〉 중에서

習慣은 몸에 밸 정도로 자연스럽게 만들고, 예의와 관
련된 일들 역시 이와 같아야 한다.

예절은 구속이 되어야 하며, 이것이 시작이다.

예절은 생활방식이 되어야 하며, 이것은 성숙을 의미한다.

예절은 즐거움이 되어야 하며, 이것은 목욕재계 후의 정
결함이 주는 즐거움과 흡사하다.

예는 어릴 때부터 길러야 한다

입 어 례
立於禮.

예를 통해 자기 자신을 세우다.

〈태백편제팔〉중에서

예는 어린 시절과 청년기의 성장 과정에서 반드시 가르쳐야 하며, 이것은 동서고금을 막론하고 크게 다르지 않다.

말 한마디, 행동 하나, 웃음과 눈짓 하나에도 규범이 갖추어져야 한다. 예의에 부합하는 표정, 행동, 절차, 양식의 틀을 세우고 대인관계를 형성해야 질서가 바로 서고 조화로워진다.

형식도 중요하다

문 인 어 타 방   재 배 이 송 지
問人於他邦, 再拜而送之.

사람을 다른 나라에 보내 문안 드리실 때는 그에게 두 번 절하고 보내셨다.

〈향당편제십〉 중에서

친구관계를 포함한 인간관계와 외교 활동의 가치를 높이려면 그것을 중시하는 마음뿐 아니라 형식도 뒷받침되어야 한다. 상대를 대할 때 오만불손해서도 안 되고, 엎드린 김에 절하는 식으로 대충 넘어가거나 가식적인 태도로 막무가내 말하고 행동해서도 안 된다.

사회화, 정보화, 공공화, 개방화 속에서 인적 교류가 갈수록 복잡해지고 있다. 이에 따라 다양한 상황에 걸맞은 예절의 의례와 절차가 규범처럼 자리 잡아가고 있다. 어떤 방식과 용어는 점점 인사말처럼 변하기도 했다. 예컨대 강연이나 연설을 마칠 때 성공을 기원하는 등의 말을 덧붙이는 것이 마무리의 상징처럼 되어버리는 식이다.

환한 표정을 유지하라

색 난   유 사   제 자 복 기 로
色難, 有事, 弟子服其勞.

유 주 사   선 생 찬   증 시 이 위 효 호
有酒食, 先生饌, 曾是以爲孝乎?

자식이 늘 부드러운 낯빛으로 부모를 섬기기란 어렵다. 일이 있으면 자식이 수고
하고, 마실 것과 먹을 것이 있으면 부모께 대접하고, 이렇게 하는 것만으로 어찌
효도라고 할 수 있겠느냐?

〈위정편제이〉 중에서

아름다운 내면이 밖으로 드러나는 것에 신경을 써야
한다. 마음이 안색으로 표현되고 타인을 대할 때 드러나
는 '좋은 얼굴'은 그 마음에서 나오니, 그게 예로 연결되
는 것이다.

설령 다른 사람을 도왔다 해도 표정이 안 좋으면 상대방
에게 즐거움을 주기 어렵다. 이 점은 사람됨을 위해 애쓰
는 사람에게 특히 중요하다. 이는 사람됨을 위한 일상적
습관이자 관건이라고 할 수 있다.

외적 이미지에 주의하라

동 용 모 　 사 원 폭 만 의
動容貌, 斯遠暴慢矣.

정 안 색 　 사 근 신 의
正顏色, 斯近信矣.

출 사 기 　 사 원 비 배 의
出辭氣, 斯遠鄙倍矣.

자신의 표정을 장엄하고 엄숙하게 짓는다면 난폭함과 태만함을 멀리할 수 있고,
자신의 안색을 단정하고 신중하게 관리하면 신뢰를 얻을 수 있고, 말할 때 온화함
을 유지하고 예를 갖춘다면 야비하고 사리에 어긋나는 행동을 멀리할 수 있다.

〈태백편제팔〉 중에서

바깥으로 드러나는 이미지 역시 중요하므로 용모, 기
색, 말투를 중시해야 한다. 특히 '경(敬)'의 표현에 주목해
야 한다. 경을 표하는 것은 예의의 중요한 한 부분이다.
그러나 애석하게도 현대인들은 그것을 경시하면서 고루
하고, 가증스럽고, 추악한 이미지로 만들어버렸다.

내용은 형식을 규정하지만, 형식도 내용에 영향을 미친다. 마음은 표정을 규정하지만, 표정 역시 우리를 둘러싼 주변 요소에 영향을 준다. 그 결과가 다시 우리의 심경에 변화를 일으킨다. 다시 말해서 어떤 나쁜 버릇은 추악한 겉모습을 만드는 동시에 자신의 어리석음, 횡포, 자만, 비열함을 드러내게 한다.

행동거지 함부로 하지 않기

침 불 시   거 불 용
寢不屍, 居不容.

공자께서는 주무실 때 시체처럼 반듯하게 눕지 않으셨고, 집에 계실 때는 용모를
꾸미지도 근엄한 표정을 짓지도 않으셨다.

〈향당편제십〉 중에서

언제 어떤 행동을 하더라도 심히 방만하게 굴어서는 안
된다. 설령 잠잘 때도 마찬가지다. 다만 그렇다고 해서 잔
뜩 긴장한 채 뻣뻣하게 잘 필요는 없다.

이것도 중용이 아닐까 싶다. 물론 시도 때도 없이 현을
팽팽하게 당긴 채 살아가라는 말은 아니다.

밖에서는 더욱더 예에 신경 쓴다

升車, 必正立, 執綏.
_{승 거　필 정 립　집 수}

車中不內顧, 不疾言, 不親指.
_{거 중 불 내 고　부 질 언　불 친 지}

수레에 오를 때면 반드시 바르게 서서 손잡이 줄을 잡으셨다. 수레 안에서는 두리번 거리지 않고, 말씀을 빨리하지 않으셨으며, 직접 손가락질을 하지 않으셨다.

〈향당편제십〉 중에서

자동차, 기차, 비행기를 타면 안전과 더불어 다른 사람의 편의를 위해 자세를 지나치게 흐트러뜨리지 말고, 낮은 소리로 말하며, 사방을 두리번거리거나 이래라저래라 손가락질하지 않는 것이 가장 좋다.

예절의 원칙과 안전의 원칙은 별개의 문제가 아니라 하나로 연결되어 있다.

올바른 식문화

외식할 때 양식이나 일식은 격식에 맞춰 아주 그럴싸하게 먹으려고 애쓴다. 하지만 평소 집에서 식사할 때는 식사 예절에 크게 신경 쓰지 않곤 한다.

사실 식사 예절에 신경 쓰는 이유는 그 자리를 즐기며 한 차원 높은 문화를 만들어가기 위해서다. 매 끼니 식사 과정에서 식욕과 생존 욕구를 충족시키는 것도 중요하지만, 이에 못지않게 몇 가지를 중시할 줄 알아야 한다.

즉 식탁 앞에 앉아 밥을 먹을 수 있다는 것에 감사하고, 음식이 식탁에 올라오기까지 수고한 모든 이와 대자연에 감사하고, 함께 식사하는 사람들을 존중하는 것이다. 또한 맛있는 음식을 다른 사람에게 먼저 권하는 것, 음식을 천천히 즐기며 식사 자리를 즐기는 것 등의 마음 역시

중요하다.

《논어》를 읽으면 공자가 식사하는 행위에 얼마나 큰 경
의를 품었는지 알 수 있다.

먹고 자는 것에도 신경 써라

식 불 어   침 불 언
食不語, 寢不言.

식사하실 때는 말을 하지 않으셨고, 잠자리에 드실 때도 말을 하지 않으셨다.

〈향당편제십〉 중에서

먹고 자는 문제도 진지한 관점으로 바라볼 필요가 있다. 적어도 잠자리 들 때는 말을 많이 하지 말아야 한다. 말을 많이 하면 수면에 영향을 주기 때문이다. 식사할 때 말을 삼가는 것은 상대를 배려한 예의이기도 하다. 음식을 씹을 때 입을 열면 음식물이 밖으로 튀어나올 수도 있고, 내용물이 보여 상대방에게 불쾌감을 줄 수 있다. 다만, 먹으면서 대화를 나누는 사교 활동의 장은 별개다.

좋은 사람도 말을 잘할 줄 알아야 한다

有德者必有言, 有言者不必有德.

덕망이 있는 사람은 저절로 덕담하게 된다. 그러나 입에 발린 덕담을 한다고 해서
꼭 덕이 있는 사람은 아니다.

〈헌문편제십사〉 중에서

아름다운 덕행은 말보다 행동을 중시한다. 물론 아름
다운 덕행은 그에 걸맞은 생각과 말로 발현되어야 한다.
그것은 천박하고 흉악하고 야만적이고 폭력적인 언어와
는 전혀 다르다.

그러나 아무리 말을 잘해도 스스로 그렇게 하지 못하면,
그 말은 환심을 사기 위해 아첨하는 말로 변질된다. 덕과
도 무관해짐은 물론이다.

말에도 기술이 필요하다

언 미 급 지 이 언　위 지 조
言未及之而言, 謂之躁,

언 급 지 이 불 언　위 지 은
言及之而不言, 謂之隱,

미 견 안 색 이 언　위 지 고
未見顔色而言, 謂之瞽.

말을 해야 할 때가 되지 않았는데 말하는 것을 조급하다고 한다. 말을 해야 하는데
도 하지 않는 것을 숨긴다고 한다. 윗사람의 안색을 살피지 않고 말하는 것을 어리
석다고 한다.

〈계씨편제십육〉 중에서

❀

　　사람과 교류하려면 말이 꼭 필요하다. 따라서 언제 말
해야 할지를 알아야 하고, 한 말의 효과와 반응을 늘 신
경 써야 하며, 말하는 기술도 간파하고 있어야 한다.
　　예로부터 말할 때는 때를 잘 골라야 하고, 상대의 안색과
의중을 잘 살필 줄 알아야 하고, 상황에 맞춰 말을 조절
할 줄 알아야 한다고 했다. 요컨대 말에 대한 책임이 있
어야 할뿐더러 말의 기술과 방식에도 신경을 써야 한다.

말을 하면 이치에 맞아야 한다

夫人不言, 言必有中.
부인불언 언필유중

그 사람은 말을 잘 안 하지만, 말을 하면 반드시 이치에 맞는다.

〈선진편제십일〉 중에서

'언필유중'은 말하기만 하면 반드시 이치에 들어맞는다는 뜻이다. 그런데 이렇게 할 수 있는 사람이 과연 몇이나 될까? 살면서 쓸데없는 말, 틀린 말, 헛소리, 과장된 말, 주제넘은 말을 해보지 않은 사람이 과연 있을까? 역사 속에 등장하는 영웅호걸, 선인, 대가 들 역시 예외가 아니었다.

'그 사람은 말이 없지만 말을 하면 반드시 이치에 들어맞는다'는 '부인불언, 언필유중'의 경지에 도달하는 것은 무척 어렵다. 말이 없는 사람은 수줍고, 위축되고, 표현력이 부족하기 때문이다. 그래서 말수가 적은 사람은 많은 반면, 말을 하면 반드시 이치에 들어맞는 사람은 많지 않다.

때와 장소를 가려 말하라

공 자 어 향 당   순 순 여 야   사 불 능 언 자
孔子於鄕黨, 恂恂如也, 似不能言者.

기 재 종 묘 조 정   변 변 언   유 근 이
其在宗廟朝廷, 便便言, 唯謹爾.

공자께서 향당(마을)에서는 온화하고 공손하여 마치 말을 잘하지 못하는 사람 같았
다. 공자께서 종묘와 조정에 계실 때는 말을 잘하셨지만 여전히 말을 삼가셨다.

〈향당편제십〉 중에서

고향 사람들 혹은 옛 친구들을 오랜만에 다시 만나자면
보통 그 당시의 시선으로 인식하고 비교한다.

그래서 초라해 보이면 어린 시절 혹은 평범하고 보잘것
없었던 부모와 가족을 자연스럽게 떠올리며 동정할지
모른다.

반대로 대단한 인물이 되어 나타나면 그 커다란 변화를
쉽게 받아들이지 못한 채 시기할 수 있다. 이런 상황에서
는 몸을 사리는 편이 좋다.

하지만 비교적 공적인 장소라면 이야기가 달라진다. 신
분이 명확해지고 지위가 드러나는 곳이라면 자신의 달라
진 위상을 드러내고 인식의 변화를 주도해도 무관하다.

다만 이런 상황이라 할지라도 말로써 화를 불러오지 않기 위해 평소보다 더 신중히 말해야 한다.

경청과 실천의 조화

<ruby>法<rt>법</rt></ruby><ruby>語<rt>어</rt></ruby><ruby>之<rt>지</rt></ruby><ruby>言<rt>언</rt></ruby>, <ruby>能<rt>능</rt></ruby><ruby>無<rt>무</rt></ruby><ruby>從<rt>종</rt></ruby><ruby>乎<rt>호</rt></ruby>? <ruby>改<rt>개</rt></ruby><ruby>之<rt>지</rt></ruby><ruby>爲<rt>위</rt></ruby><ruby>貴<rt>귀</rt></ruby>.

法語之言, 能無從乎? 改之爲貴.

巽與之言, 能無說乎? 繹之爲貴.

說而不繹, 從而不改, 吾末如之何也已矣.

올바른 말로 일러주는 것을 어찌 따르지 않을 수 있겠는가? 그러나 중요한 것은 실제로 잘못을 고치는 것이다. 공손하고 신중하게 타이르는 말에 어찌 기뻐하지 않을 수 있겠는가? 그러나 중요한 점은 그 참뜻을 찾아 실천하는 것이다. 기뻐하기만 하고 참뜻을 찾지 못하거나, 따르기만 하고 실제로 잘못을 고치지 않는다면 나도 그런 사람은 끝내 어쩔 수 없다.

〈자한편제구〉 중에서

남의 말을 잘 경청하는 것도 우리를 배움으로 이끄는 학문이라고 할 수 있지만, 이 부분을 간과하는 경우가 많다. 어떤 사람은 단지 구체적인 사무를 그대로 처리하기 위해 상대의 말을 경청한다. 어떤 사람은 선생님이나 사장의 훈계 혹은 잔소리를 어쩔 수 없이 듣고 있고, 어떤 사람은 호기심에 이끌려 가십거리에 귀를 기울인다. 또 어떤 사람은 남의 말에 현혹되어 근거 없는 말들을 주워

담는다.

누구나 자의든 타의든 타인의 말을 들을 수밖에 없다. 다만, 비난과 질책의 말을 듣고 변명하는 대신 자신의 문제점을 고치려고 먼저 애쓰는 사람은 몇이나 될까? 칭찬을 듣고도 우쭐하거나 들뜨지 않고 자신을 더 채찍질할 수 있는 사람은 몇이나 될까?

말뿐 아니라 책을 통해서도 도덕적 경지에 오른 사람의 말에 귀를 기울이고, 잘못이 있으면 그것을 고치기 위해 그들의 말을 수용하여 실천할 줄 알아야 한다. 이것이야말로 올바른 배움의 길이다.

상대에 따라 말과 행동 역시 달라져야 한다

조   여 하 대 부 언   간 간 여 야
朝, 與下大夫言, 侃侃如也.

여 상 대 부 언   은 은 여 야
與上大夫言, 誾誾如也.

군 재   축 적 여 야   여 여 여 야
君在, 踧踖如也, 與與如也.

조정에서 하대부와 말씀하실 때는 강직하셨고, 상대부와 말씀하실 때는 부드럽게 어울리시면서 주장을 분명히 하셨고 공손하셨다. 임금이 나와 계시면 공손하면서도 절도에 맞게 위엄을 갖추셨다.

〈향당편제십〉 중에서

사람은 누구나 어떤 사람을 만나느냐에 따라 말과 행동의 차이를 보인다.

문제는 그 사람과 상황에 맞춰 적절한 대응을 하지 못할 때 불거져 나온다. 그래서 아랫사람에게는 부드럽게 어울리면서도 단도직입적으로 말해 오해의 소지를 없애야 한다. 이때 허세를 부리며 잘난 척하면 도리어 미움을 사게 된다. 윗사람에게는 아첨이 아니라 존중심을 드러내는 것이 중요하다.

속내를 드러낼 대상을 가려라

可與言而不與之言, 失人.
가여언이불여지언 실인

不可與言而與之言, 失言.
불가여언이여지언 실언

더불어 말하는 것이 옳은데도 더불어 말하지 않는 것은 사람을 잃는 것이고, 더불어 말하는 것이 옳지 않은데도 더불어 말하는 것은 말을 잃는 것이다.

〈위령공편제십오〉 중에서

속마음을 털어놓을 대상이 분명 있는데도 그 사람에게 속내를 털어놓지 않는다면, 사람을 잃게 된다. 즉, 그 사람은 나에 대한 신뢰를 잃고 더는 함께하고 싶어 하지 않을 것이다.

속마음을 털어놓을 만한 상대가 아닌데도 속내를 너무 많이 드러낸다면, 분명 실언한 것이다. 이는 괜한 미움을 사거나 화를 자초하는 것과 다르지 않다.

말실수와 후회를 줄여라

다 문 궐 의　신 언 기 여　즉 과 우
多聞闕疑, 慎言其餘, 則寡尤.

다 견 궐 태　신 행 기 여　즉 과 회
多見闕殆, 慎行其餘, 則寡悔.

많이 듣고 의심나는 것을 빼버리고 그 나머지를 삼가서 말하면 허물이 작아지고, 많이 보고 위태로운 것을 빼버리고 그 나머지를 삼가서 행하면 후회하는 일이 적어질 것이다. 말에 허물이 적고 행실에 후회할 일이 적으면 벼슬이 그 가운데 있을 것이다.

〈위정편제이〉 중에서

정보를 많이 듣고 수집하면 의심을 줄일 수 있다. 자신이 잘 모르는 일이라면 참견하기보다 차라리 잘 모른다고 인정하는 편이 낫다. 그래야 과실을 줄이고 원망도 덜어낼 수 있다.

진실을 많이 보고 위태로운 상황을 피할 수 있다면 무모하게 사고를 일으키는 일도 방지할 수 있다. 또한 자신 없는 일일수록 신중하게 개입해야 실수와 후회를 줄일 수 있다.

말은 차분히 하고 행동은 민첩하게 하라

군 자 욕 눌 어 언 이 민 어 행

君子欲訥於言而敏於行.

군자는 말할 때 더듬거리고, 행동할 때 민첩하려고 한다.

〈이인편제사〉 중에서

소인배는 말버릇이 불손하고 말만 앞설 뿐 행동이 말을 따라가지 못한다. 또한 거짓말을 너무 많이 하여 실수가 이어지니 모든 화가 입으로부터 시작된다.

반면에 군자는 말을 할 때면 침착하고 서두름이 없으나, 말을 행동으로 옮길 때면 누구보다도 민첩하다.

말만으로는 성공할 수 없다

교 언 영 색   선 의 인
巧言令色, 鮮矣仁.

말재주가 교묘하고 표정을 보기 좋게 꾸미는 사람 중에 어진 이가 드물다.

〈학이편제일〉 중에서

말의 최고 경지는 교묘한 말로 포장하지는 않아도 자신의 충직하고 솔직하며 꾸미지 않은 진심을 전달할 수 있는 것이다.

누군가의 말은 듣기에 좋고 번지르르하지만 일에 전혀 도움 되지 않고, 누군가의 말은 투박하고 말주변도 없어 보이지만 간단명료하게 핵심을 찌른다.

누군가의 말은 고상하고 품위가 넘치지만 실제로 아무 짝에도 쓸모가 없고, 누군가의 말은 화려한 치장을 하지 않아 평범해 보이지만 유일하게 믿을 만할뿐더러 실행도 가능하다.

일 잘하는 것이 말재주를 가진 것보다 낫다

<ruby>御<rt>어</rt></ruby><ruby>人<rt>인</rt></ruby><ruby>以<rt>이</rt></ruby><ruby>口<rt>구</rt></ruby><ruby>給<rt>급</rt></ruby>, <ruby>屢<rt>누</rt></ruby><ruby>憎<rt>증</rt></ruby><ruby>於<rt>어</rt></ruby><ruby>人<rt>인</rt></ruby>.

그럴싸한 말주변으로 다른 사람과 언쟁하면 자주 미움을 사게 된다.

〈공야장편제오〉 중에서

말재주와 아첨에 가로막히면 한 사람의 인, 덕, 지모를 평가하는 일이 말처럼 쉽지 않아진다. 하지만 약삭빠른 말솜씨는 남의 말을 가로막으니 자주 미움을 사게 되어 있다.

예로부터 일을 잘해도 말로써 치장하고 드러내지 못하면 그 빛이 퇴색하고, 말재주가 뛰어나도 아첨에 능하지 못하면 마음을 얻기 힘들었다. 하지만 오랜 시간이 흐르고 나면 단지 말재주로 총애를 얻고 아첨으로 출세한 사람은 결국 그 검은 속내를 들키게 되어 있다.

한가할 틈이 없으면 불평도 줄어든다

子貢方人.

子曰: "賜也賢乎哉? 夫我則不暇."

자공이 다른 사람을 비난하자 공자께서 말씀하셨다. "그래 자공아, 너는 그렇게 현명한 사람이더냐? 나는 다른 사람을 평가하고 비판할 거를이 없구나."

〈헌문편제십사〉 중에서

누구나 모든 면에서 현명하고 완벽할 수 없다. 그렇다보니 다른 사람에 대한 실망과 불만이 쌓이게 마련이다. 그렇다고 그 감정을 일일이 드러내는 것은 확실히 정력 낭비다.

글도 쓰고, 책도 읽고, 중요 회의도 진행하고, 다양한 배움을 진행하고, 자기반성을 하고, 문제점을 개선하고, 더나아가 TV도 보고, 음악도 듣고, 여행도 다니고, 운동도하고…… 이토록 하루 24시간이 짧을 정도로 정신없이 바쁜데 쓸데없는 일에 정신을 팔 틈이 어디 있겠는가!

헛소문은 믿지도 퍼트리지도 말라

道聽而塗說, 德之棄也.

길에서 들은 이야기를 길에서 떠들고 다니며 옮기는 사람들은 덕을 포기한 것이다.

〈양화편제십칠〉 중에서

길을 가거나 여행을 하던 중 항간에 떠도는 소문을 듣더라도 그 이야기를 다시 다른 사람에게 전하는 것은 도덕적으로 해서는 안 되는 일이다.

모든 일은 신중한 접근과 책임이 따른다. 따라서 예가 아니면 보지도, 듣지도, 행하지도, 말하지도 말아야 한다. 또한 떠도는 소문을 믿거나 퍼트려서도 안 된다.

신상 털기는 금물

好勇疾貧, 亂也.

人而不仁, 疾之已甚, 亂也.

용감함을 좋아하고 가난을 싫어하는 것이 혼란을 일으키고, 사람으로서 어질지 못함을 너무 미워하는 것 또한 혼란을 일으킨다.

〈태백편제팔〉 중에서

오늘날 대중의 도덕적 여론, 도덕적 심판, 도덕적 제재는 인터넷 신상 털기로 이어지며 심각한 문제와 혼란을 야기하고 있다.

우리는 도덕적 잣대로 사람을 평가하고, 덕을 갖춘 사람을 존경하고, 사회의 엘리트 집단과 집권자들이 덕으로 나라를 다스리고, 도덕적 교화의 모범이 되어주기를 바란다. 그러나 이것이 도리어 덕을 싸움의 무기로 삼고 도덕적 비판을 빌미로 선동하여 문제를 더 심각하게 만들기도 한다.

인과 덕은 사람이 갖추어야 할 중요한 덕목이지만, 타인을 판단하기 위한 지나친 잣대가 되어서는 안 된다. 타인의 인과 덕을 판단하고 평가하기 위해서는 자신 역시 그럴 만한 도량을 갖추고 있어야 한다. 누군가의 인과 덕이 부족할 때 노골적으로 증오를 드러내면 오히려 반발하여 더 큰 문제를 일으킬 수 있다. 그러므로 어진 이는 과히 행동하며 주변인을 병들게 하는 사람들을 상대로 증오가 깊어지지 않도록 도량으로 포용해야 한다.

도덕적 심판을 선불리 하지 말라

집 덕 불 홍　　　　신 도 부 독
執德不弘, 信道不篤,

언 능 위 유　　　언 능 위 무
焉能爲有? 焉能爲亡?

덕을 실천하되 널리 알리지 않고 도를 믿되 독실하지 않으면, 그 사람이 덕과 도를
어찌 가지고 있다 할 수 있으며 어찌 가지고 있지 않다 할 수 있겠는가?

〈자장편제십구〉 중에서

도덕적 수준이 형편없는 사람이나 국가와 국민을 위해
도움 될 업적을 한 번도 세운 적 없는 사람일수록 자신보
다 강한 사람에게 뻔뻔히 더 큰소리치며 도덕적 심판을
가하고 싶어 한다. 그들은 소문을 쫓아 도덕적으로 설전
을 벌이는 일에 참여하거나 도덕을 무기 삼아 살인을 했
는데, 과거에는 그것을 '명예 살인'이라고 불렀다.

일례로 소설가 루쉰을 공격한 후 궈모뤄(郭沫若, 문학가이
자 정치가)를 욕하고, 차오위(曹禺, 극작가)를 공격한 후 셰
빙신(謝冰心, 여류 작가)을 욕한 자들이 있는데, 단언컨대
그들이 이룬 업적은 네 사람의 만분의 일도 되지 않는다.

七章

인생은 가정에서부터 시작된다

아이를 가르치는 길

우 문 군 자 지 원 기 자 야
又聞君子之遠其子也.

군자가 그 아들을 멀리하는 것을 들었다.

〈계씨편제십육〉 중에서

자식을 지나치게 예뻐하지 말되, 존중하면서 자녀 발
전을 위한 거리와 공간을 확보해야 한다.
이것이 바로 자식을 가르치는 현명한 길이다.

자녀에게 다양한 삶을 경험시켜라

<ruby>女<rt>여</rt></ruby><ruby>爲<rt>의</rt></ruby> 〈<ruby>周南<rt>주 남</rt></ruby>〉〈<ruby>召南<rt>소 남</rt></ruby>〉<ruby>矣乎<rt>의 호</rt></ruby>?

<ruby>人而不爲<rt>인 이 불 위</rt></ruby> 〈<ruby>周南<rt>주 남</rt></ruby>〉〈<ruby>召南<rt>소 남</rt></ruby>〉, <ruby>其猶正牆面而立也與<rt>기 유 정 장 면 이 립 야 여</rt></ruby>!

너는 〈주남〉과 〈소남〉을 배웠느냐? 사람으로서 〈주남〉과 〈소남〉을 배우지 않으면, 그것은 바로 담장 벽에 얼굴을 향하면서 서 있는 것과 같다!

〈양화편제십칠〉 중에서

공자는 아들에게 시를 많이 읽고 시 관련 내용의 가무를 익히도록 늘 독려했다. 이것만 봐도 공자가 시, 문학, 가무에 대해 강렬한 인상을 가졌음을 알 수 있다. 시를 거절하는 것은 모든 문학과 가무의 풍부하고 다채로운 내용을 거절하는 것과 같다. 다시 말해서 삶의 찬란한 모습을 외면한다면 인생 역시 무미건조하게 변할지 모른다. 물론 지금 시대의 부모라면 아이에게 다양한 삶을 경험할 수 있도록 누구보다 더 애를 쓰지 않을까 싶다. 어쨌든 풍요롭고 찬연한 삶의 질은 시문의 다채로움을 만들어내는 원천이다.

스스로 깨우치는 능력을 가르쳐라

불분불계　불비불발
不憤不啓, 不悱不發.

거일우불이삼우반　즉불부야
舉一隅不以三隅反, 則不復也.

배우려는 열의가 없으면 이끌어주지 않고, 표현하려고 애쓰지 않으면 일깨워주지 않는다. 한 귀퉁이를 들어보았을 때 나머지 세 귀퉁이를 미루어 알지 못하면 반복해서 가르치지 않는다.

〈술이편제칠〉 중에서

교육은 단순히 주입한다고 되는 것이 아니다. 학생의 열의와 더불어 그의 지능과 적극적인 자세를 끌어내고, 그 과정에서 교사와 학생이 함께 성장하는 것이다.

교육은 정신 능력을 발전시키고 난관을 돌파하며 새로운 경지를 개척해가는 과정이다. 모든 노력과 분투는 정신적 능력을 개척하고 향상하며 깨우침을 얻는 방향으로 가야 한다. 그리고 종합 분석과 비교 탐색 능력을 통해 사고의 폭을 넓히고 사리에 통달하는 경지에 이르러야 한다.

교육의 네 가지 단계

子以四教: 文, 行, 忠, 信.

공자께서는 네 가지 방면을 학생들에게 가르치셨다. 그것은 학술, 덕행, 충직, 신의이다.

〈술이편제칠〉 중에서

한 사람에 대한 교육은 네 가지 방면의 내용을 담고 있어야 한다. 즉 학술, 덕행, 충직, 신의다.

학교에 가면 책을 읽을 수 있을 뿐이다. 책을 읽는 것은 배움의 시작이고, 가장 접근하기 쉬운 교수법이다. 그다음 단계로, 학생들을 인도하여 여행을 떠나고 배움을 실천하며 단련시켜야 한다. 학식과 경험이 쌓이면 품격을 갖추고 인성을 연마하며 충직과 신의를 근본으로 삼을 필요가 있다.

형제자매의 우애도 중요하다

효 제 야 자   기 위 인 지 본 여
孝弟也者, 其爲仁之本與!

효와 제는 인을 행하는 근본이다!

〈학이편제일〉 중에서

효는 내면의 도덕적 감정이다. 자녀는 태어나면서부터 자립하기 전까지 부모의 보호를 받아야 한다. 게다가 부모에 대한 자녀의 의존도와 더불어 친자에 대한 정은 불변의 진리처럼 부모와 자녀 사이를 단단히 연결해준다.

효뿐만 아니라 공경과 화목에도 신경을 써야 한다. 자식이 하나뿐인 집만 있는 것이 아니기 때문에 한 가정 안에서 형제자매의 관계 또한 매우 중요하다. '공경과 화목'은 본래 연장자를 향해 지켜야 할 아랫사람의 덕목이지만, 형제자매 역시 그 덕목을 익히고 실천할 줄 알아야 한다.

겉치레 효심을 멀리하라

<ruby>生<rt>생</rt></ruby>, <ruby>事<rt>사</rt></ruby><ruby>之<rt>지</rt></ruby><ruby>以<rt>이</rt></ruby><ruby>禮<rt>례</rt></ruby>: <ruby>死<rt>사</rt></ruby>, <ruby>葬<rt>장</rt></ruby><ruby>之<rt>지</rt></ruby><ruby>以<rt>이</rt></ruby><ruby>禮<rt>례</rt></ruby>, <ruby>祭<rt>제</rt></ruby><ruby>之<rt>지</rt></ruby><ruby>以<rt>이</rt></ruby><ruby>禮<rt>례</rt></ruby>.

살아 계시면 예로써 모시고, 돌아가시면 예로써 장례를 치르고, 예로써 제사를 지내는 것이다.

〈위정편제이〉 중에서

효는 내면의 도덕적 감정이고, 예는 외형적 행동 규범이자 절차이자 의식이다. 자연스러운 효심을 예법으로 바꾸면 효심이 부족한 사람들이 형식적으로 시늉만 내는 문제점이 드러날 수 있다.

'효'는 손바닥 뒤집듯 쉽게 도덕적 잣대와 가치 관념으로 변하고, 거기서 또 학문으로도 변하는 꽤 번거로운 단어가 아닐 수 없다.

먹여 살리는 것만이 효가 아니다

今之孝者, 是謂能養.
[금 지 효 자 시 위 능 양]

至於犬馬, 皆能有養. 不敬, 何以別乎?
[지 어 견 마 개 능 유 양 불 경 하 이 별 호]

지금의 효는 단지 부모를 먹여 살릴 수 있음을 말할 뿐이다. 개나 말에 이르기까지
모두 먹여 살리는 일을 하니 부모를 공경하지 않으면 무엇으로 구별하겠는가?

〈위정편제이〉 중에서

진(晉)나라 이래로 까마귀 새끼가 자란 뒤에 늙은 어
미에게 먹을 것을 물어주고, 새끼 양이 무릎을 꿇고 젖
먹는 모습이 계속 눈에 띄면서 이를 효의 전형적 사례로
삼아왔다. 이처럼 새와 양은 효의 개념을 가지고 있지 않
지만, 효와 흡사한 실체와 기록을 남겼다.

새와 짐승처럼 사람 역시 다르지 않다. 특별한 불가항력
적 요인 때문이 아니라면 효를 행한다면서 제대로 봉양
하지 않거나 혹은 부모 봉양의 효율적인 노력조차 안 하
는 것은 어불성설이다.

부모님의 죽음 앞에서라면 맘껏 슬퍼하라

오 문 저 부 자
吾聞諸夫子:

인 미 유 자 치 자 야   필 야 친 상 호
"人未有自致者也, 必也親喪乎!"

내가 선생님께 들었는데, "사람이 스스로 자신의 감정을 끝까지 드러내는 법이 없다 할지라도 꼭 그런 경우가 있다면 아마도 부모가 상을 당했을 때일 것이다"라고 하셨다.

〈자장편제십구〉 중에서

남녀, 친구, 군신, 사제, 부모 자녀 사이의 관계는 모든 감정을 드러내기보다 적절한 밀고 당기기로 관계를 조율해야 한다.

다만 부모님이 돌아가셨을 때라면 상황이 달라진다. 이 때는 온 마음을 쏟아부어 숨김없이 감정을 드러내면서 하늘과 땅을 향해 울부짖고 가슴을 치며 통곡해도 좋다.

슬픔을 다스리는 방법

상 치 호 애 이 지
喪致乎哀而止.

상을 당한 슬픔은 다하고 나면 그만이다.

〈자장편제십구〉 중에서

일반적으로 슬픔을 드러낼 때와 아닐 때 걸맞은 태도는 도덕적 원칙의 굴레를 벗어나지 않는다. 그래서 재난 앞에서도 미소 지을 수 있는 이를 발견했다면 세상 사람들은 신상 털기와 더불어 마녀사냥에 나서려 할 것이다. 이와 더불어 생사를 초월했던 장자처럼 아내의 죽음 앞에서 전혀 개의치 않는 모습을 보이는 것도 사람들이 쉽게 받아들이기 어려운 태도다.

다만 앞으로 살아가야 할 날들을 생각한다면 살아 있는 이들이 슬픔을 지나치게 드러내는 것도 좋지 않다. 슬픔이 찾아오면 애써 지우려 하지 말고 잠시 마음속에 머물다 가게 하는 것도 중용이다.

생명을 존중하라

붕 우 사　　무 소 귀
朋友死, 無所歸,

왈　　　어 아 빈
曰: "於我殯."

벗이 죽었는데 상을 치러줄 사람이 없자 "내 집에 빈소를 차리자"라고 하셨다.

〈향당편제십〉 중에서

생명을 존중하는 것에는 죽음을 잘 정리하는 것도 포함된다.

죽음을 잘 마무리하는 것은 생명을 어루만지는 데 그 뜻이 있다.

잔치와 상례는 모두 적당해야 한다

禮與其奢也, 寧儉.
<small>예 여 기 사 야   영 검</small>

喪與其易也, 寧戚.
<small>상 여 기 이 야   영 척</small>

예는 사치하기보다 차라리 검소한 것이 옳고, 상례는 형식적으로 잘 치르기보다 차라리 슬퍼하는 것이 옳다.

〈팔일편제삼〉 중에서

잔치는 사치스러운 것을 조심하고, 상례는 소홀함이 없도록 주의해야 한다. 이 모든 것이 사람들의 경솔함에서 비롯되기 때문이다. 실용주의는 상례보다 잔치를 더 중시하고, 인정은 상례를 중시하면서 잔치를 절제할 것을 요구한다.

잔치와 상례를 앞두고 있다면 경솔하고 경박한 마음을 경계하면서 엄숙하고 신중하고 겸손한 마음가짐을 갖도록 해야 한다. 예는 사치를 멀리하고 적정한 선을 지킬 줄 알아야 하고, 진심을 담되 너무 과한 것을 피해야 한다.

조상에 대한 예를 지켜라

신종추원　민덕귀후의
愼終追遠, 民德歸厚矣.

초상을 신중히 치르고 조상을 추모하면 백성의 덕이 너그러운 데로 돌아갈 것이다.

〈학이편제일〉 중에서

조상을 존중하고, 제사를 중시하고, 상례와 장례와 제사를 빈틈없이 엄숙하게 진행하고, 사람과 역사와 경험 그리고 선인들에 대한 존엄을 강조하는 것은 지금까지도 여전히 우리의 정신적 유산이라고 할 수 있다.

선조, 죽은 자에 대해 약간의 경의를 표하는 것은 불필요한 일이 아니다.

그를 그리워하는 것은
그가 아직 살아 있음을 의미한다

제 여 재   제 신 여 신 재
祭如在, 祭神如神在.

조상님께 제사를 지낼 때는 조상님이 거기에 와 계시는 것처럼 하셨다.

〈팔일편제삼〉 중에서

제사는 일종의 예이다. 제사에는 조상에 대한 그리움,
경외, 숭배가 내포되어 있다. 형이상학적으로 말하자면
그리움, 경외, 숭배는 모두 존재의 중요한 형식이다.
카자흐스탄인들은 상을 당한 사람을 위로할 때 이렇게
말한다.
"우리가 그를 기억하고 그에 관해 이야기하고 그를 그리
워하면, 그가 아직 살아 있다는 것을 의미하지 않겠어요?"

부모님의 뜻을 받들라

父 재 관 기 지 부 몰 관 기 행
父在, 觀其志. 父沒, 觀其行.

부친이 살아 계실 때는 (그에게 순응했는지) 자식의 속마음을 살펴보고, 부친이 돌아
가신 후에는 (규범에 부합하는지) 자식의 행동을 살펴보아야 한다.

〈학이편제일〉 중에서

부모님이 살아 계실 때는 자녀의 태도, 주관, 바람, 동
기, 충심을 살펴야 한다. 부모님이 돌아가시면 그 자녀는
비로소 진정한 시험대에 오른다.

그가 부모님의 뜻을 성심성의껏 받드는지 그 행동을 잘
살펴보면 알 수 있다.

하루하루 잘 지내는 것이 바로 효도이다

삼 년 지 상　 기 이 구 의
三年之喪, 期已久矣.

삼년상은 시간이 너무나 깁니다.

〈양화편제십칠〉 중에서

부모님이 길러주신 만큼 건강하게 성장하고 쓸모 있는 사람이 되어 부모님의 노후를 책임지는 것도 중요하지만, 부모님에 대한 사랑과 그리움이 일상 속에 자연스럽게 스며들도록 해야 한다.

사회가 발전하면서 한 사람에게 주어진 의무와 권리도 늘고 있지만, 그럼에도 부모님에 대한 그리움은 결코 잊어서는 안 된다. 그것은 삶을 소중히 여기고 하루하루를 잘 살아내는 것으로 나타나야 한다.

八章

인생 십계명

이익을 추구하되 의를 저버리지 말라

방 어 리 이 행　　다 원
放於利而行, 多怨.

이익에 따라 행동하면 원망을 많이 받는다.

〈이인편제사〉 중에서

이윤을 추구하는 것은 천명이자 인간의 천성이다. 사실 이윤 추구의 천성을 완전히 변화시킬 수 없지만, 도덕과 법으로 그 과정에서 생길 수 있는 불법과 불공정의 요인을 단속할 수 있다. 이와 동시에 이윤 추구 과정에서 사회적 규범과 문화적 인식을 확립해 합리적으로 이윤을 도모하고 폐해를 차단하고자 하는 관념을 공정, 법도, 도덕, 공헌, 공조, 인애의 관념과 결합할 수 있다.

우리에게 필요한 것은 이익을 추구하되 의를 저버리지 않는 고차원의 인생 방식이다.

검소하라

사 즉 불 손　　검 즉 고
奢則不孫, 儉則固.

여 기 불 손 야　　영 고
與其不孫也, 寧固.

사치하다 보면 공손하지 못하게 되고, 검소하다 보면 고루하게 되기 쉬운데, 공손하지 못한 것보다 차라리 고루한 편이 낫다.

〈술이편제칠〉 중에서

사치의 '사(奢)'는 자랑과 오만의 뜻을 내포하고 있다 보니, 당연히 겸손하지 않은 고로 미움을 사고 문제를 일으키기 쉽다. 검소는 고루한 표현이다 보니, 당연히 융통성이 없고 보수적으로 완고해지기 쉽다.

이 두 가지를 비교해볼 때 건방진 사람이 되기보다 고루하고 완고한 사람이 되는 편이 낫고, 위험을 무릅쓰는 사람이 되기보다 신중하고 보수적인 사람이 되는 편이 낫다.

가짜 인재가 되지 말라

군 자 병 무 능 인   불 병 인 지 불 기 지 야
君子病無能焉, 不病人之不己知也.

군자는 자신이 능력 없는 것을 걱정하지, 다른 사람들이 자기를 알아주지 않는 것을 걱정하지 않는다.

〈위령공편제십오〉 중에서

역사적 사건들을 들여다보면 믿지만 의심을 품고, 충성을 다하지만 모함을 받고, 재능이 있으면서도 펼 기회를 만나지 못한 채 억울함을 품고 평생을 사는 인물의 이야기가 수없이 등장한다.

사실 자기 능력을 펼칠 기회는 누구에게나 찾아온다. 세상에는 수없이 많은 직업이 있고, 어느 직업이든 최고의 실력을 발휘하며 대대손손 이름을 날리는 인물은 나오게 마련이다.

다만, 무능하고 양심 없는 가짜 인재는 절대 되지 말아야 한다. 상대방 약점을 이용해 자신의 무능함을 감추고 그 재주를 빌려 마치 자기 능력인 것처럼 굴어서는 안 된다.

하나라도 잘하는 것을 만들라

"由也果, 於從政乎何有?"

"賜也達, 於從政乎何有?"

"求也藝, 於從政乎何有?"

"유는 과감하니 정무를 처리하는 데 무슨 어려움이 있겠습니까?" "사는 사리에 통달하였으니 정무를 처리하는 데 무슨 어려움이 있겠습니까?" "구는 재능이 많으니 정무를 처리하는 데 무슨 어려움이 있겠습니까?"

〈옹야편제육〉 중에서

공부, 일, 사람됨은 모두 어느 한 방면으로 장점이 있어야 한다.

장점이 하나도 없다면, 남의 힘을 빌려 일을 이루거나 권세에 빌붙어 사리사욕을 채울 수밖에 없다. 그런 상황에서 능력이 미치지 못해 결국 패가망신하거나 자리에서 밀려난다면 과연 누구를 탓할 수 있겠는가.

불평을 입에 달지 말라

불 환 인 지 불 기 지　환 기 불 능 야
不患人之不己知, 患其不能也.

남이 나를 알아주지 않는 것을 걱정하지 말고, 내가 유능하지 못한 것을 걱정해야
한다.

〈헌문편제십사〉 중에서

세상에는 '불평쟁이'들로 넘쳐난다. 아무런 능력도,
아는 것도 없으면서 틈만 나면 비교를 일삼으며 문제를
일으킨다. 그러고는 여기저기 손을 뻗지만 결국 사방에
서 퇴짜를 맞는다.

모든 사람은 반드시 자문해야 한다, '나는 도대체 무엇을
할 수 있지?' 하고.

누군가의 반대를 두려워하지 말라

불여향인지선자호지 기불선자오지
不如鄕人之善者好之, 其不善者惡之.

마을 사람 중에 선한 자가 그를 좋아하고, 선하지 못한 자가 그를 미워하는 것만
못하다.

〈자로편제십삼〉 중에서

새

　　몰표에 집착하지 말고, 누군가가 반대하는 것을 두려
워해서도 안 된다. 사람 사이의 이견과 갈등, 시비와 선
악의 구별은 피할 수 없다.
　　흑백을 가르지 않고 두리뭉실하게 수습하는 것이 중용
의 도라고 착각하면 안 된다.

허세를 부리지 말라

구 의 재　유 지 행 사 야
久矣哉, 由之行詐也!

오래됐구나, 유가 거짓을 행한 것이!

〈자한편제구〉중에서

실리를 추구하며 겉치레를 멀리하고, 진리를 추구하
며 분수에 맞지 않는 일을 하지 말아야 한다.

그럴싸하게 날조하고, 명의를 속이고, 허례허식을 일삼
고, 거드름을 피우는 사람이 우리 주변 곳곳에 숨어 있
다. 인간의 이런 나쁜 속성은 동서고금을 막론하고 존재
해왔으니, 결국 이러한 습성을 끊어내는 것 또한 우리 자
신의 몫이다.

지나치게 세속에 물들지 말라

획 죄 어 천　　무 소 도 야
獲罪於天, 無所禱也.

악한 일을 하여 하늘에 죄를 지으면 빌 곳이 없다.

〈팔일편제삼〉 중에서

지름길과 처세술에 현혹되어서는 안 된다. 죄를 짓고 하늘의 도를 위배해 천벌을 받는다면, 그 사람의 처세술이 아무리 뛰어나도 구해줄 길이 없다.

사람은 신중하고 조심스럽게 맡은 일을 책임지는 것이 우선이며, 지나치게 세속에 물들어 실용주의와 기회주의에만 매달리면 안 된다.

작은 그릇에 머물지 말라

管氏有三歸, 官事不攝, 焉得儉?
관 씨 유 삼 귀   관 사 불 섭   언 득 검

관중은 집이 세 채나 되고, 가신을 많이 두어 한 사람이 여러 일을 겸임하지 못하게 하였으니 어찌 검소하다고 하겠는가?

〈팔일편제삼〉 중에서

그릇이 작다는 의미는 인색하다는 게 아닌, 지식과 경험과 생각이 부족하다는 뜻이다. 사소한 일조차 시시콜콜 따지고, 불평을 입에 달고 살며, 허세를 부리고, 잘난 체하는 것 모두 다 내면의 그릇이 작은 데서 비롯된다.

어떤 사람들은 인품이 좋고 능력도 출중하지만, 도량이 좁고 생각이 얕아 보인다. 이런 사람들은 일이 잘 풀리면 자기가 잘나서 그런 것이고, 좌절의 순간이 오면 그 고통을 감내하지 못하며, 높은 자리에 군림할 때면 눈에 보이는 것이 없고, 불리한 상황이 닥치면 태연하게 대처하지 못한다. 이 모든 일은 그릇이 작은데 그에 걸맞지 않은 옷(직무, 직함, 사명, 지위, 명망)을 입고 있기 때문에 벌어진다. 이것은 흡사 3톤 무게를 감당할 수 있는 말에게 5톤

수레를 맡긴 격이다. 그러니 감당할 수 없는 수레 무게에
숨을 헐떡이면서도 우쭐거리며 허세를 부리는 것이다.
5톤짜리 수레를 3톤짜리처럼 가볍게 끌고 갈 능력자만
이 맡은 일에 최선을 다하며 큰 성과를 낼 수 있다.

지나침을 경계하라

과 유 불 급
過猶不及.

지나친 것은 모자란 것만 못하다.

〈선진편제십일〉 중에서

세

　과유불급은 극단적이고 단편적인 사고로 가는 길을
막아주는 가장 적절한 말이자 처세의 핵심이다.
　과거에도 그랬고, 지금도 그 이치는 백번을 강조해도 지
나치지 않다.

九章

논어에서 길을 열다

아름다움은 우리 마음속에 있다

당체지화　편기반이
"唐棣之華, 偏其反而.

기불이사　실시원이
豈不爾思? 室是遠而."

자왈　　미지사야　부하원지유
子曰: "未之思也, 夫何遠之有?"

"당체꽃이 팔랑팔랑 나부끼니 어찌 그대가 그립지 않겠소? 그러나 그대 머무는 곳이 너무 머오." 공자께서 이 시를 듣고 이리 말씀하셨다. "그대는 그 꽃을 그리워하는 것이 아니네. 진정 그리워한다면 어찌 거리가 멀 까닭이 있겠는가?"

〈자한편제구〉 중에서

세상에 존재하는 모든 아름다운 것은 우리에게서 결코 멀리 떨어져 있지 않다. 문제는 생각에만 그치는 것이 아니라 행동으로 옮기는지에 달려 있을 뿐이다.

인과 애를 원한다면, 자신이 먼저 세상을 향해 인과 애를 실천해야 한다. 아름다움을 원한다면, 자기 내면과 외면을 더 아름다워 보이도록 해야 한다. 그래야 세상이 자신으로 말미암아 더 아름다워지기 때문이다. 우리의 삶이 좀 더 빛나기를 바란다면, 자신이 가진 빛을 어두운 곳에 나눠주는 것부터 시작해야 한다.

아름다움은 우리 마음속에 있다. 따라서 그것을 끄집어내어 주변으로 전파해야 한다. 세상의 추악한 어둠을 빛으로 밀어내는 힘은 우리 자신의 마음에서부터 시작된다.

간결한 아름다움을 추구하다

이 약 실 지 자 선 의
以約失之者鮮矣.

검소와 절약으로 잘못된 자는 적다.

〈이인편제사〉 중에서

한 사람이 과욕을 부리면 쉽게 탈이 난다.

물질과 정신을 간결하게 했다고 해서 탈이 나는 사람은

적다.

정신적으로 강자가 되다

君子求諸己, 小人求諸人.

군자는 잘못을 자신에게서 찾지만, 소인은 잘못을 남에게서 찾는다.

〈위령공편제십오〉 중에서

군자는 정신적으로 강자이다. 군자는 자신감이 있고,
어떤 처지나 상황에 있든 스스로 문제를 극복하며 자신
을 발전시켜 나아간다.

소인은 정신적으로 약자에 속한다. 소인은 파렴치하고
문제에 부딪히면 속수무책으로 하늘만 쳐다본다. 또한
모든 일을 운에 맡긴 채 다른 사람의 도움에 기대려고만
한다.

295

현자는 항상 즐겁다

一簞食, 一瓢飮, 在陋巷,

인 불 감 기 우　회 야 불 개 기 락
人不堪其憂, 回也不改其樂.

밥 한 그릇과 물 한 표주박으로 끼니를 때우며 누추한 골목에 살게 되면 다른 사람
들은 근심하여 견디지 못하는데, 안회는 그 즐거움을 바꾸려 하지 않는구나.

〈옹야편제육〉 중에서

현자는 낙관적이고 현명하니, 실패할 일이 적다. 설령
실패할지라도 그것을 발판 삼아 또 다른 성공을 끌어낸
다. 그렇기에 누구도 그의 선택과 신념을 훼손할 수 없다.
현자는 항상 즐겁다. 늘 낙천적인 마음가짐으로 자신을
조절하면서 현명한 길로 이끌고자 노력한다.

용감한 사람, 본질을 파악하다

용 자 불 구
勇者不懼.

용감한 사람은 두려워하지 않는다.

〈자한편제구〉 중에서

용감한 사람은 비록 위험하지만 반드시 뚫고 가야 하는 것이 무엇인지, 안되는 것을 알지만 해야 하는 것이 무엇인지, 관찰과 기다림이 필요한 것이 무엇인지 알고 있다. 또한 '과감하게 하지 않을 용기'도 가지고 있다. 그는 선동과 비난이 쏟아지는 상황에서 그 분위기에 휩쓸리지 않은 채 이성의 끈을 단단히 부여잡고 자신의 길을 용감히 간다.

큰 용기는 혈기 왕성한 용기나 필부의 용기 혹은 극단적이고 파괴적인 용기를 말하는 것이 아니다. 큰 용기는 바로 더 깊은 사고와 냉철한 판단, 책임지는 태도의 결합이라고 할 수 있다.

인자는 강직하고 의연하다

강 의 목 눌　근 인
剛毅木訥, 近仁.

강직하고 굳세고 질박하고 어눌한 것은 인에 가깝다.

〈자로편제십삼〉 중에서

인(仁)은 왜 사람을 강직하고 의연하게 만들어줄까? 인을 갖춘 사람은 그를 둘러싼 모든 것을 소중히 여기고, 일할 때 역시 원칙과 목표가 명확하여 절대 흔들리지 않기 때문이다.

인은 왜 사람을 교언영색하지 않는 사람으로 만들까? 인은 다른 사람을 이롭게 하고, 책임감과 더불어 극기하는 마음을 갖게 하기 때문이다. 그래서 인을 갖춘 사람은 교언영색을 일삼는 위선자나 소인배, 더 나아가 사기꾼이 절대 될 수 없다.

지혜로운 사람은 미혹되지 않는다

지 자 불 혹
知者不惑.

지혜로운 사람은 미혹되지 않는다.

〈자한편제구〉 중에서

✳

지혜로운 사람에게도 해결할 수 없는 문제가 있다. 그가 미혹되지 않는 것은 모든 일에 만능이기 때문이 아니라 자신이 어떤 일을 할 수 있는지, 어떤 것을 영원히 알 수 없는지를 누구보다 잘 알고 있기 때문이다.

지혜의 특징은 자신에게 주어진 지혜의 한계를 명확히 알고, 이른바 주관적 능동성의 어떤 비능동성을 인지하는 데 있다.

논어

1판 1쇄 발행 2022년 02월 25일
1판 3쇄 발행 2024년 01월 10일

지은이 | 왕멍
옮긴이 | 홍민경
펴낸이 | 최윤하
펴낸곳 | 정민미디어
주 소 | (151-834) 서울시 관악구 행운동 1666-45, F
전 화 | 02-888-0991
팩 스 | 02-871-0995
이메일 | pceo@daum.net
홈페이지 | www.hyuneum.com
편 집 | 미토스
표지디자인 | 강희연
본문디자인 | 디자인 [연;우]

ⓒ 정민미디어

ISBN 979-11-91669-26-8 (03140)